LE SUICIDE

8° R
10151

LE SUICIDE

DANS L'ANTIQUITÉ

ET

DANS LES TEMPS MODERNES

PAR

Gaston GARRISSON

DOCTEUR EN DROIT
AVOCAT A LA COUR DE PARIS
ANCIEN SECRÉTAIRE
DE LA PRÉSIDENCE DU CONSEIL DES MINISTRES

PARIS
LIBRAIRIE NOUVELLE DE DROIT ET DE JURISPRUDENCE
ARTHUR ROUSSEAU, ÉDITEUR
14, RUE SOUFFLOT & RUE TOULLIER, 13

1885

INTRODUCTION

Je n'ai pas la prétention de donner ici une monographie complète du suicide ; la place qu'il occupe dans notre état social est trop large pour que l'on puisse enfermer dans les bornes étroites d'un document juridique une étude de cette maladie de l'humanité dans ses rapports avec l'histoire, les sciences et le Droit.

Le suicide apparaît sur la terre avec les sociétés

et s'y développe avec elles. Les peuples de tous les temps, de tous les pays, et à tous les degrés de la civilisation, en offrent des exemples multiples ; toutes les religions, toutes les littératures, toutes les philosophies s'en sont préoccupées ; le théâtre a souvent demandé au suicide le dénoûment de ses drames les plus émouvants.

Ce n'est qu'au point de vue unique des législations qui l'ont régi aux diverses périodes de l'humanité que j'envisagerai le suicide ; et, si je fais aux sciences économiques ou médicales, à l'histoire, à la philosophie de fréquents emprunts, ce sera dans le but de définir exactement la nature et les causes du suicide, et de désigner plus sûrement le remède, s'il en est un, qu'on lui doit appliquer.

Nous reconnaîtrons dans le suicide une maladie humaine, tantôt physique, tantôt morale dans ses causes, mais dont le symptôme constant sera la prédominance dans le cerveau d'une idée, obsédant sans relâche celui qui doit attenter à ses jours ; nous verrons les législations diverses impuissantes à réagir contre la tendance croissante au suicide, et nous établirons que le seul moyen de guérir, au moins d'atténuer ce mal social, est, tout en rendant plus douces à l'homme les conditions de l'existence, d'accroître sa puissance intellectuelle en multipliant par l'instruction le nombre des idées de chaque individu.

I

LE SUICIDE DANS L'ANTIQUITÉ

Chez les Hébreux, les suicides semblent avoir été rares ; la loi de Moïse réprouvait le suicide : « Tu ne tueras pas », disait le Décalogue; et cette prohibition formelle s'appliquait au meurtre de soi-même comme au meurtre d'autrui.

Les corps des suicidés étaient privés de sépulture ou tout au moins ensevelis de nuit, sans honneurs et sans éclat [1].

La Bible nous a conservé peu d'exemples de sui-

1. Flavius Josèphe, *Guerre des Juifs et des Romains.*

cides; ceux de Samson, de Saül, d'Éléazar sont les plus connus.

Comme les lois de Moïse, les anciens livres sacrés de l'Inde, les Védas, rangeaient le suicide au nombre des crimes. Mais, de bonne heure, les doctrines du bouddhisme, enseignant que la vie terrestre est une période malheureuse qu'il faut franchir le plus vite possible, que le plus grand bonheur est dans l'anéantissement de l'être, mirent le suicide en honneur.

« La délivrance suprême n'est pas dans les mondes de Brahma[1], pas même dans les mondes des sans-formes, mais dans le *Nir-vanâ*, c'est-à-dire dans l'extinction de toute activité physique et morale, dans le néant absolu. »

Le mépris de la mort s'est transmis d'âge en âge parmi les brahmanes; de nos jours, ils sont restés les adeptes de ces gymnosophistes[2] qui se suicidaient solennellement et en public. L'un d'eux, Calanus, se brûla vif devant Alexandre; un autre se tua devant César; un troisième, en présence d'Auguste. Aujourd'hui encore, l'idole de Djaggernad

1. Yves Guyot, *Doctrines sociales du christianisme*, p. 27.
2. Philosophes indiens qui vivaient nus.

est promenée sur les corps de ses adorateurs, que son poids mutile, et les veuves montent sur le bûcher qui consume le cadavre de leurs maris.

Les lois de Manou permettaient aux vieillards de se débarrasser de la vie, et même leur ordonnaient parfois de se tuer :

« Soumise à la vieillesse et aux chagrins, affligée par les maladies, en proie aux souffrances de toutes sortes, destinée à périr, que cette demeure humaine soit abandonnée avec plaisir par celui qui l'occupe[1]. »

Et plus loin :

« Le brahmane qui s'est dégagé de son corps par l'une des pratiques qu'ont mise en usage les saints ou les patriarches est admis avec honneur dans le séjour de Brahma[2]. »

Vichnou recommandait la mort volontaire sur le bûcher consacré.

Ces doctrines pénétrèrent partout à la suite du bouddhisme, et firent dans une grande partie de l'Asie d'innombrables victimes.

1. *Lois de Manou*, liv. VI.
2. *Ibid.*, liv. VI.

« Les sectateurs de Bouddha, dit le docteur Lisle, si nombreux encore qu'on peut les compter par centaines de millions au Thibet, en Chine, en Cochinchine, au Japon, dans le royaume de Siam, etc., s'y tuent encore avec autant de facilité que les adorateurs de Brahma ou de Vichnou[1]. »

En Chine et au Japon, particulièrement, les suicides furent fort nombreux et frappèrent toutes les classes de la société. Non seulement les hauts fonctionnaires condamnés à mort s'y tuaient pour échapper au supplice public, mais encore des fanatiques se jetaient en foule dans la mer[2]. En Chine, l'empereur Chi-Koang-Ti ayant fait brûler leurs livres, cinq cents disciples de Confucius se noyèrent à la fois[3].

Voltaire raconte que, de son temps, au Japon, quand un homme d'honneur était outragé par un autre, il s'ouvrait le ventre en sa présence et l'invitait à en faire autant; si l'insulteur ne l'imitait pas, il était déshonoré.

1. Docteur Lisle, *du Suicide*. Paris, 1856.
2. P. Charlevoix, *Histoire du Japon*.
3. Brucker.

Il est probable qu'aujourd'hui de pareils faits sont passés, au Japon, dans le domaine de l'histoire ou de la fable.

En Perse, les sectaires de Zoroastre ne se suicidaient pas; les doctrines que le philosophe professait sur la nature et la destinée de l'homme détournèrent les Persans du suicide.

Mahomet se prononça, lui aussi, contre le suicide. Dieu, d'après lui, a nettement défini la destinée de l'homme, qui doit se soumettre à « ce qui est écrit. »

Le Coran parle souvent du suicide et le considère comme un crime, qui sera sévèrement puni dans la vie future.

« L'homme ne meurt, y est-il écrit, que par la volonté de Dieu, et le terme de ses jours est écrit[1]. »

« Ne vous tuez pas vous-même, car Dieu est miséricordieux envers vous; et quiconque se tue par malice ou par méchanceté sera rôti au feu d'enfer[2]. »

1. *Coran*, surah III, v. 139.
2. *Coran*, surah IV.

Le fatalisme enseigné par Mahomet se traduisait par la résignation des croyants à supporter la vie et ses maux ; aussi a-t-on peu d'exemples de suicide parmi les populations mahométanes.

L'histoire ancienne nous a conservé en Asie quelques suicides célèbres : celui de Mithridate, roi de Pont, qui se tua pour échapper aux Romains qui le poursuivaient ; celui de Spargagirez, fils de Tomyris, reine des Scytes, qui échappa par la mort à la honte d'une défaite ; celui de Sardanapale, celui du premier mari de Sémiramis sont les plus connus.

En Afrique, le suicide paraît avoir été plus en honneur qu'en Asie.

En Égypte, les doctrines de la métempsycose, que les prêtres enseignaient, poussèrent à la mort les malheureux qui espéraient arriver ainsi plus vite à une vie meilleure. Le roi Sésostris, d'après Plutarque, se tua de chagrin d'avoir perdu la vue.

Cléopâtre fonda, après la bataille d'Actium, une société de suicidistes [1], dont les membres promettaient de se tuer, et cherchaient le meilleur moyen de quitter la vie. Cléopâtre se suicida.

1. Συναποθανουμένων.

Ptolémée fut obligé d'interdire les leçons du philosophe Hégésias, surnommé Pisathanate, qui faisait à ses adeptes l'apologie du suicide; les auditeurs se tuaient en sortant.

A Carthage, les suicides étaient fréquents, et l'histoire nous en a conservé un grand nombre d'exemples. Les uns se tuaient à la suite d'une défaite, comme Hamilcar et Magon; d'autres, pour échapper aux ennemis, comme Annibal, que Prusias allait livrer aux Romains; d'autres, par dévouement à la patrie, comme les deux frères Philène, qui, pour établir d'une façon avantageuse pour leur ville la limite qui séparait Carthage de Cyrène, se laissèrent enterrer vifs à la frontière.

Les suicides collectifs ne sont pas rares non plus sur le sol africain; les Carthaginois, menacés par Agathocle d'un siège rigoureux, décident de faire une expiation à Saturne, et trois cents d'entre eux se tuent sur son autel.

Les Numides et les Phocéens, assiégés par Scipion, — celui-là même qu'on surnomma l'Africain, — tuent leurs femmes et leurs enfants et se laissent ensuite égorger par les Romains.

Le suicide des Sagontins est resté célèbre : vaincus par les légions de Rome, ils allument un vaste bûcher et s'y laissent brûler avec tous les objets précieux qu'ils possèdent.

L'histoire de la Grèce a gardé le souvenir d'un grand nombre de suicides.

Toutes les classes de la société y sont représentées : les rois d'abord, avec Codrus, roi d'Athènes; Menecée, roi de Thèbes; Cléomène, roi de Sparte; Aristodème, roi de Messénie; les orateurs, les généraux, avec Isocrate, Thémistocle, Démosthène; les philosophes, avec Socrate, Hégésippe, Zénon, le fondateur du stoïcisme, Diogène, Antipater, Empédocle, Speusippe, le disciple préféré de Platon; des cyrénéens, des stoïciens, des cyniques, pythagoriciens, toutes les sectes fournirent leur contingent; puis, les sculpteurs Bupalus et Athenis; le médecin Erosistrate; des femmes, Phila, fille d'Antipater, Alcinoë, Clité, Sapho, Calise... .

Les lois réprimaient cependant le suicide [1].

Les suicidés étaient ensevelis à l'écart et sans honneur [2] à Athènes; la main droite du cadavre était coupée par le bourreau, brûlée et enterrée séparément du corps [3]. A Thèbes, le cadavre était

1. Aristote, *Œuvres morales.*
2. Platon, *Lois*, IX.
3. Legoyt, *Suicide*. Paris, 1881.

brûlé sans honneurs funéraires et en l'absence des parents du mort ; à Sparte, les suicidés étaient privés de sépulture. Aristote nous dit aussi que ceux qui attentent à leur vie doivent être notés d'infamie.

Cependant, les mœurs étaient moins sévères que les lois et même les adoucissaient quelquefois.

C'est ainsi qu'à Athènes une loi autorisait le suicide quand l'Aréopage en avait approuvé les motifs[1].

A Marseille, colonie grecque, le Sénat examinait les raisons que lui soumettaient ceux qui voulaient se tuer ; s'il les approuvait, il délivrait aux demandeurs du poison qu'ils tenaient dans ce but en réserve.

A Milet, une épidémie de suicides sévissait parmi les jeunes filles. Toute prohibition était inutile ; on n'arrêta la contagion qu'en ordonnant que les cadavres seraient exposés nus[2].

A Céos, île de l'archipel grec, les habitants, si l'on en croit Strabon, s'empoisonnaient dès qu'ils avaient atteint l'âge de soixante ans. Plus tard, les

1. Buonafede, *Histoire du Suicide*, 1762.
2. *Questions notables de Droit.* (Parlement de Toulouse.)

vieillards durent soumettre aux magistrats les raisons qui les poussaient à mourir[1].

Les philosophes étaient fort divisés sur cette question. Nous allons passer en revue leurs principales doctrines, qui exercèrent sur la civilisation et la législation romaines, et plus tard sur le Droit canonique même, une grande influence.

Socrate, si l'on en croit les discours que lui prête Platon dans le *Phédon*, fut un adversaire résolu du suicide.

« Les dieux nous ont mis dans cette vie, dit-il à Cedès, comme dans un poste que nous ne devons jamais quitter sans leur permission... » Et plus loin : « Si un de vos esclaves se tuait sans votre autorisation, ne seriez-vous pas irrité et ne le puniriez-vous pas, si vous le pouviez? »

On sait que ce philosophe, condamné à mort, se tua en buvant la ciguë[2].

Aristote se prononça aussi énergiquement contre le suicide. Dans ses œuvres morales, on trouve le passage suivant :

« Quant à celui qui se tue, il fait, contre toute

1. Valère-Maxime, ch. 1er, liv. II, *Pompée à Céos*.
2. Sa mort ne saurait être considérée comme un suicide.

raison, une action que la loi ne permet pas[1]. »

M. Douay cite aussi d'Aristote cette phrase qui vient confirmer la précédente[2] :

« Mori autem fugiendæ paupertatis, aut amoris, « aut molestiæ causâ, id verò non est animi virilis, « sed potius vilis et ignari. »

Platon fut, au contraire, favorable au suicide, dans certains cas déterminés.

Il ne blâme que ceux qui se tuent, « soit sans l'autorisation des magistrats, soit sans y avoir été déterminés par une position pénible et intolérable, soit par la crainte d'un avenir de malheur[3]. »

Les stoïciens s'emparèrent de cette phrase du maître pour établir la légitimité de certains suicides. C'est ainsi qu'Olympiodore, néo-platonicien du sixième siècle, pose les principes stoïciens en matière de suicide, dans son *Commentaire sur Phédon*.

Le suicide est permis dans les cinq cas suivants :

I. δια μεγαλην χρειαν, *propter magnam necessitatem.*
II. δι' αισχορρημοσυνην, *propter pudorem,*

1. Aristote, *Œuvres morales*, trad. P. Thurot.
2. Douay, *le Suicide*. Paris, 1870.
3. Platon, *Lois*, IX.

III. δια του παρεπομενου τῳ δωματι ληρου, *propter delirium animi.*

IV. δια το δωμα νοδοις ανιατοις κατεχομενον, *propter insanabiles corporis morbos.*

V. δια πενιαν, *propter paupertatem.*

Plutarque, Libanius (*Déclam.*, 8); Strobée (*Eclogæ Ethicæ*); Sénèque (*Lett.* 58, 69, 70, 77); saint Augustin (*Cité de Dieu,* liv. XIX, ch. IV), confirment cet exposé des doctrines stoïciennes.

Aristippe, fondateur de la secte des cyrénéens, déclarait que le sage devait choisir entre la vie et la mort, et regarder l'une et l'autre avec une égale indifférence [1].

Crateste, fondateur de l'école des cyniques, et Antisthène, son disciple, produisirent les premiers une apologie du suicide. Sectateurs ardents de la volupté, ils enseignaient « que la vie ne semble un bien qu'à l'insensé; le sage n'éprouve pour elle qu'indifférence, et la mort lui paraît tout aussi désirable [2]. »

Diogène se suicida, et Hégésias, nous l'avons vu, fit avec tant d'éloquence l'apologie de la mort vo-

1. D'après Diogène Laërce.
2. E. Caro, *Études morales*. Paris, 1869.

lontaire, que Ptolémée fit fermer son école pour empêcher ses auditeurs de se tuer.

Les pyrrhoniens ou les sceptiques, qui érigèrent le doute en dogme, furent aussi les apôtres du suicide; vivre ou mourir leur était indifférent, et ils demandaient souvent à la mort le repos et l'oubli.

Voilà, à grands traits, l'historique de la question chez les diverses nations dont la législation nous est connue. Nous allons maintenant nous occuper de ce qui intéresse spécialement cette question du suicide chez les Romains et en France.

II

LE SUICIDE A ROME

CHAPITRE PREMIER

DE LA FONDATION DE ROME A L'ÉTABLISSEMENT DE L'EMPIRE

Les premiers Romains avaient trop d'occasions de rencontrer la mort avant l'heure pour courir au-devant d'elle dans le seul but de quitter la vie; l'existence leur était trop rude et sa conservation leur demandait des efforts trop journaliers pour leur être à charge : aussi, l'histoire ne nous révèle aucun suicide dans toute la première période qui s'écoula entre la fondation de Rome et son triomphe définitif sur les peuples italiens.

On signale des cas fréquents de dévouement à la patrie, dans lesquels ceux qui les accomplissaient faisaient d'avance le sacrifice de leur vie. Par exemple, le combat fameux des Horaces et des Curiaces : on voit Décius et Curtius courant à la mort dans l'intérêt de la ville naissante ; mais ce ne sont pas là de véritables suicides.

Les anciens Romains, dans la lutte continuelle qu'ils soutenaient contre les éléments et les hommes, ne se suicidaient pas, et nous ne retrouvons aucun texte qui paraisse s'être préoccupé de cette question.

Mais lorsque Rome, victorieuse de l'Italie, eut étendu au loin ses conquêtes, les légions qui promenaient les aigles romaines à travers le monde rapportèrent à Rome d'innombrables richesses : la vie y devint douce, et les mœurs faciles ; chaque province apportait son tribut à la capitale ; l'Afrique envoya ses céréales ; Tyr, sa pourpre ; la Grèce, ses rhéteurs et sa philosophie.

Les théories stoïciennes plurent vite aux Romains de cette époque qui, au mépris de la mort que leur avaient légué leurs ancêtres, avaient, au sein de leur existence fastueuse, voyant tous leurs désirs facilement assouvis, ajouté le mépris de la vie.

Heureux de vivre tant que la fortune leur souriait, ils croyaient qu'il valait mieux mourir que de souffrir sur la terre, et mettaient en pratique cette maxime de Sénèque : *Malum est in necessitate vivere, sed in necessitate vivere nulla necessitas est*[1].

Aussi, vers la fin de la République, alors que les dissensions des partis inondaient de sang Rome et l'Italie, quand les vainqueurs proscrivaient les vaincus, et que de fréquentes séditions déchiraient la patrie, les suicides devinrent-ils fréquents. « De là, dit le docteur Lisle, une véritable épidémie de suicides qui gagna de proche en proche, pour s'étendre à tout le monde romain, dura plusieurs siècles, et moissonna, tous les ans, des milliers de victimes[2]. »

Pour échapper aux factions victorieuses, bien des vaincus se tuent. L'histoire est pleine de ces suicides : Caton, assiégé dans Utique par César ; Cassius, à la bataille de Philippe ; Junius Brutus, Scipion, Pompée, Crassus, défait par les Thraces... ; tous les grands noms de Rome se retrouvent sur cette liste funèbre. On pourrait multiplier à l'infini cette nomenclature des citoyens illustres de Rome qui pré-

1. Sénèque (*Épit. XII*), *sic* Quintilien (*Declamat.*, 337).
2. Docteur Lisle, *du Suicide*. Paris, 1856.

fèrent la mort à la captivité ou à la défaite; aussi on comprend aisément que la législation se soit montrée clémente envers les suicidés.

La loi romaine ne frappait que ceux qui se suicidaient sans cause valable (et, dans ce cas, la peine, que nous ignorons, était illusoire, tant le nombre des causes légitimes était grand), ou ceux qui se tuaient pour échapper à une condamnation grave prononcée contre eux.

Dans ce cas, le corps du suicidé était privé de sépulture et ses biens étaient confisqués.

C'était le préteur qui, après enquête, prononçait la sentence; le testament était cassé et le fisc héritait, au détriment des héritiers *ab intestat.*

Les donations à cause de mort que les suicidés avaient faites étaient révoquées; les donations entre époux rescindées.

Nous retrouverons, en étudiant la législation du suicide sous les empereurs, les textes où ces diverses déchéances sont énumérées. Une seule différence existe, c'est que le suicide n'est ici punissable que lorsque le suicidé veut éviter une condamnation prononcée contre lui.

Valère-Maxime[1] nous en donne une preuve quand il raconte le suicide de Licinius, qui, à la veille d'une condamnation certaine, s'étrangla dans sa prison et envoya dire au préteur, qui allait rendre sa sentence : *Se non damnatum, sed reum periisse, et proinde sua bona hastæ subjici non posse* : mourant avant le jugement, ses biens revenaient à ses héritiers.

Tacite[2], à propos du suicide de Cornutus, sous Tibère, et Sénèque[3] confirment cette affirmation.

Les lois étaient plus sévères pour les soldats; le respect absolu de la discipline, qui avait fait la force des légions romaines, était resté encore un principe sacré, et le législateur se montrait impitoyable pour les soldats qui échappaient à leurs devoirs militaires par la mort.

Alors que, pour les citoyens de Rome, le principe était : *Liber mori*, chez les militaires on punissait tous les suicides avec une extrême rigueur.

Le soldat qui se suicidait était noté d'infamie.

S'il ne réussissait pas à se tuer, et s'il ne pouvait

1. Valère-Maxime, liv. IX, ch. XII (*sic* Godefroy).

2. Tacite, *Annales*, liv. IV et VI, ch. XXIX, XLVIII, XXII.

3. Sénèque, *Consolation à Marcien sur la mort de Cordus.*

invoquer une cause légitime, il avait la tête tranchée.

S'il avait, au contraire, un bon motif à produire, il était renvoyé ignominieusement du service : *Cum ignominiâ mittebatur.*

Nous verrons plus loin la législation qui régissait les esclaves. Le Droit, sous la république comme sous les empereurs, était celui-ci : l'esclave, corps et biens, appartient à son maître; il n'a, par conséquent, pas le droit de se tuer. L'esclave vendu qui se suicide fait rescinder la vente.

CHAPITRE II

LE SUICIDE A ROME SOUS LES EMPEREURS

Les suicides, durant cette période lugubre de l'histoire romaine, se multiplient. Déjà, à la fin de la république, leur nombre avait été croissant, comme nous l'avons vu; avec la tyrannie impériale, les proscriptions et les suicides redoublent, et Horace peut, sans exagérer, nous montrer les désespérés allant en foule se jeter dans le Tibre, du haut du pont Fabricius[1].

Un effarement semble saisir à ce moment la société romaine tout entière : « Nous regardons, dit

1. Horace, liv. II, sat. 3, vers 32.

Sénèque à Lucilius, comme inimitables les Caton, les Scipion, et tant d'autres que nous sommes habitués à admirer; mais je viens de te faire voir que cette vertu (le mépris de la mort) est aussi commune chez les héros du cirque que chez les chefs de la guerre civile[1] ».

Sous Néron, sous Tibère, sous Caligula, l'incertitude où chacun se trouve de son sort en présence de la tyrannie des empereurs fait chercher à beaucoup dans la mort un abri contre la haine ou la cupidité du prince.

Les crimes se précipitent et les hommes politiques qui portent ombrage au pouvoir reçoivent l'ordre de se tuer; l'empereur leur envoie un chirurgien chargé de leur ouvrir les veines.

Toutes les classes de la société sont atteintes de la contagion. Les empereurs eux-mêmes n'y échappent pas : Othon, Gordien le père, Maximin Hercule, Néron lui-même se tuent.

Mais ce sont surtout des suicides politiques que nous devons signaler. Sous Tibère, Pison, le fils de Germanicus; Néron, le préteur P. Silvanus,

1. Docteur Lisle, *le Suicide*.

V. Agrippa, Galba, Aruntius, etc.; sous Néron, Epicharis, Proculus, Vindex, Corbulon, Pétrone, Sénèque...; sous Domitien, Corellius Rufus et T. Ariston, amis de Pline le Jeune...

Ces hommes, les premiers de l'Etat par leur fortune, leur famille ou leur talent, se tuent pour échapper au supplice qui les menace. Ils ont ainsi un double but : se soustraire aux tourments que leur réserve peut-être la cruauté raffinée de l'empereur, et, de plus, permettre à leurs héritiers de recueillir leur succession[1].

Le fisc se trouvait ainsi frustré de ses espérances, et l'avidité du prince, qui ne dédaignait pas d'enrichir le trésor impérial par ce moyen, était déjouée. Aussi chercha-t-on des expédients nouveaux pour faire revenir au fisc ces biens qui lui échappaient.

On commença par récompenser les dénonciateurs des conspirations politiques; on leur donna le quart des biens confisqués. Les dénonciations se multipliaient; mais les accusés se suicidaient; leurs corps n'étaient pas traînés par les rues sur une claie,

1. Suétone, *Vie de Tibère,* ch. LXI; Dio Cassius, liv, LVIII, ch. XV; Tillemont, *Vie de Tibère,* ch. XV; Tacite, *Annales,* 6, 29.

leurs testaments étaient valables, et les dénonciateurs frustrés.

Sous Tibère, cependant, ils paraissent avoir reçu, malgré le suicide, le prix de leur dénonciation : la famille ne recueillait que les trois quarts du patrimoine[1].

Plus tard, ils ne touchèrent leur prime que dans le cas où l'accusé n'échappait point par la mort au supplice. Sénèque, parlant de Cordus, qui se tua avant sa condamnation, dit qu'il était heureux : *Quod e faucibus avidissimorum luporum educeretur præda*[2]. Lipse, en commentant ce passage, dit que c'est là la législation de l'époque de Sénèque.

Mais les dénonciations encouragées parurent insuffisantes aux empereurs, qui bientôt assimilèrent à ceux qui se suicidaient après la condamnation prononcée ceux qui se tuaient avant, et sur une simple poursuite[3].

Moyen facile pour l'empereur d'enrichir son trésor de toutes les fortunes privées qui excitaient sa convoitise !

1. Tacite, *Annales*, IV.
2. Sénèque, *Consolation sur la mort de Cordus*.
3. *Dig.*, *de Injust. irrit. test.*, loi 6, § 7.

Il est vrai qu'on laissait aux héritiers, ainsi spoliés, le droit de poursuivre la cause du suicidé, et, au cas où on le reconnaissait innocent, les biens leur étaient restitués[1].

Cette avidité du fisc, qui apporta à la législation du suicide les modifications que nous venons de signaler, se retrouve d'ailleurs à cette époque dans bien des circonstances : les empereurs font argent de tout; c'est pour s'enrichir qu'ils augmentent, dans une proportion notable, les causes d'indignité pour les héritiers[2]; qu'ils font peser sur les successions un lourd impôt[3]; c'est encore pour s'enrichir qu'ils donnent à tous les Italiens, puis à tous les sujets de l'empire, le droit de cité.

Le Code Théodosien, recueil de Constitutions impériales fait sous le règne de Théodose le Jeune, est muet sur le suicide. Il n'en est pas de même de la compilation faite sous le règne de Justinien; la législation du suicide y est longuement exposée. C'est là que nous allons l'étudier maintenant.

1. *Dig.*, liv. XLVIII, tit. XXII, loi 3, § 8. — V. Bourquelot, *de la Mort volontaire au moyen âge*. Paris, 1843.
2. L. 9, *de Sct. Sil.*, XXIX, 5; *de His quæ ut ind.*, loi 14.
3. *Lex vicesima hereditatum*.

CHAPITRE III

LE SUICIDE A ROME SOUS JUSTINIEN

Au moment où Justinien prépare sa remarquable compilation juridique, l'empire romain tremble sur ses bases ; les Barbares sont à toutes les frontières qu'ils ont plusieurs fois franchies victorieusement ; l'empire d'Occident se meurt, l'empire d'Orient va finir peu à peu, réduit aux faubourgs de Constantinople, a dit Montesquieu, comme le Rhin, qui n'est plus qu'un ruisseau lorsqu'il se perd dans l'Océan.

La société romaine, énervée, sans force, après cette longue agonie de l'empire, est saisie d'un incurable ennui, que Sénèque avait fort exactement dépeint dans son traité : *de Tranquillitate animi.* L'épidémie de suicides continue.

Cependant, Justinien n'introduit dans la législation antérieure aucune modification sensible ; et si nous avons réservé l'exposé de cette législation pour le règne de ce prince, c'est que, pour la première fois dans les *Pandectes*, nous trouvons l'ensemble des lois qui réglementaient cette matière.

Quoique faite sous un empereur chrétien, cette compilation des lois qui régissaient la mort volontaire n'a pas subi l'influence du christianisme, et nous y retrouvons presque identique la doctrine des stoïciens.

Nous allons successivement nous occuper des suicides légitimes, des suicides illégitimes, des suicides chez les soldats et chez les esclaves.

§ 1.

Suicides légitimes.

En tête de notre étude, nous pourrions placer le principe *liber mori,* que nous avons énoncé tout à l'heure.

En effet, les Romains ont toujours estimé que l'homme était libre de quitter la vie qui lui déplaisait, quand nulle obligation ne lui faisait un devoir de vivre. Cette doctrine s'appliquait aux esclaves, à qui, en droit naturel, on reconnaissait le droit de se tuer, mais qui, appartenant à leur maître, ne pouvaient, en se suicidant, disposer du bien d'autrui; aux soldats, qui appartenaient à la légion; aux condamnés et plus tard aux accusés, qui appartenaient à la justice.

C'est là le grand principe qui se retrouve au fond de la législation romaine tout entière.

Mais, non contents de poser sur cette base leur doctrine, les Romains ont énuméré dans les textes divers cas dans lesquels le suicide est permis, diverses causes qui légitiment aux yeux de la loi la mort volontaire.

Nous allons les classer en huit catégories.

I

Le dégoût de la vie.

« Si un jour, dit Lucrèce, ce qui pourrait arriver, on se lasse de la vie, il reste une dernière libation à faire à la mort et à l'oubli. Avec une goutte de poison subtil, tel que celui qui est sous la pierre de cet anneau, il reste à fermer mollement ses yeux à la lumière et à glisser en souriant dans l'éternelle nuit d'où tout sort et où tout doit s'engloutir [1]. »

« Penser à la mort, c'est penser à la liberté », ajoute Sénèque, et Lucain, le poète du suicide, comme on l'a nommé, déclare la mort volontaire digne des seuls hommes vertueux, qu'elle conduit à l'éternel oubli.

Ces doctrines, que répandaient les écrivains et les philosophes, avaient un profond écho dans la société troublée de l'empire romain. Un dégoût de l'existence, bien excusable chez les contemporains des Néron, une sorte de spleen, le besoin de fuir le hideux spectacle qui se déroulait à leurs yeux, s'étaient emparés des Romains. Nous avons vu la puissance du courant qui entraînait des hommes de tous les rangs, de toutes les classes, au suicide : tous étaient joyeux de quitter la vie ; on sait le mot célèbre de la femme de Cécina Pætus, Arria, qui se frappa la première en disant à son mari : *Non dolet.*

1. Lucrèce, *de Naturâ rerum.*

Les mœurs avaient influé sur les lois, et le *Digeste* contient plusieurs fois la mention de cette cause d'excuse pour le suicide.

Nous allons indiquer successivement les textes où cette excuse est prévue.

La loi 2, du titre II, livre III, s'exprime ainsi, § 3 :

« Non solent autem lugeri (*ut ait Neratius*) qui « manus sibi intulerunt, non tædio vitæ, sed malâ « conscientiâ. »

Ulpien, à qui cette citation est empruntée[1], dit encore, au paragraphe 7 de la loi 6, titre III, livre XXVIII, au *Digeste*[2] : « Quod si quis tædio vitæ, vel... « in ea causa sunt ut testamenta eorum valeant. » Au paragraphe 4 de la loi 3, titre XXI, livre XLVIII, on lit encore : « Si quis autem tædio vitæ, vel im- « patientiâ doloris alicujus, vel alio modo, vitam « finierit, successorem habere Divus Antoninus res- « cripsit[3]. » Et, paragraphe 6, de la même loi : « Nam omnimodo puniendus est, nisi tædio vitæ, « vel impatientiâ alicujus doloris coactus est hoc « facere. »

1. Ulpien, lib. VIII, *Ad edictum*.
2. Ulpien, lib. III, *Ad sabinum*.
3. Marcien, *de Delatoribus*.

Au paragraphe 2 de la loi 45 du titre XIV, livre XLIX[1] : « Quod si in tædio vitæ, aut pudore... « non inquietabuntur, sed suæ successioni reli- « quuntur. »

Le Code contient la confirmation de la doctrine du *Digeste*.

« Si..... tædio vitæ, aut aliquo casu suspendio « vitam finisse constiterit, bona eorum tam ex tes- « tamento, quam ab intestato ad successores perti- « nebunt », dit la loi 1 du titre L, livre IX[2]. »

Cette cause du suicide, une des plus fréquentes sous les Césars, était inconnue des anciens Romains, et n'apparaît qu'au déclin de la République.

Les suicides les plus connus sont ceux de Cr. Corda, sous Tibère. Sorti vainqueur d'un procès que lui avait valu une satire contre Séjan, il se laisse mourir de faim ; de Cocceius Nerva, l'ami de Tibère, qui, attristé de la situation de sa patrie, se tue après avoir fait part à l'empereur de son projet ; du philosophe Euphrate, qui avale du poison après avoir demandé à l'empereur Adrien, dont il était estimé, l'autorisation de mourir.

1. Paul, liv. V, *Sentences*.
2. *Imp. Antoninus Aquiliæ.*

Du reste, Adrien lui-même appelait la mort de ses vœux, et Dioclétien voulut se laisser mourir de faim.

II

Désir de se soustraire à une maladie dangereuse.

Les Romains admettaient que l'homme qui se sent atteint d'une maladie incurable a le droit d'échapper par la mort à ses souffrances.

C'était même une des causes les plus légitimes, car nous verrons plus tard que la vente d'un esclave, annulée d'habitude quand l'esclave se suicidait, était valable s'il se tuait pour mettre un terme à des souffrance physiques.

Voici les passages du *Digeste* et du Code relatifs à cette excuse légale :

« Quod si tædio vitæ, vel valetudinis adversæ « impatientiâ..., in ea causa sunt ut testamenta « valeant[1]. »

« Si quis autem tædio vitæ, vel impatientiâ dolo-

1. *Dig.*, liv. XXVIII, tit. III, loi 6, p. 7.

« ris alicujus... vitam finierit, successorem habere « D. Antoninus rescripsit[1]. »

« Quod si in tædio vitæ... vel valetudinis alicu« jus impatientiâ admisit..., suæ successioni relin« quuntur[2]. »

« Si... dolore aliquo corporis..., vitam finisse cons« titerit, bona eorum... ad successores pertinebunt[3]. »

La loi 2 du titre XXII, livre VI, au Code, prévoit encore cette excuse au cas de suicide par suite de chute d'un lieu élevé, et dit que si le suicidé était « doloris impatiens », son testament sera valable.

Parmi les suicides qu'une maladie grave a occasionnés, on cite ceux de Tullius Marcellus[4], de Corellius Rufus[5], de l'orateur Albutius Silus[6] et de Pomponius Atticus[7]; Pline raconte le suicide d'un mari tourmenté d'ulcères[8] et celui de sa femme.

1. *Dig*., liv. XLVIII, tit. XXI, loi 3, p. 4.
2. *Dig*., liv. XLIX, tit. IV, loi 45, p. 2.
3. Code, liv. IX, tit. L, loi 1.
4. Sénèque, *Epit. LXXVII;* Montaigne, *Essais*, liv. II ch. XIII.
5. Pline, liv. I, ép. XII.
6. Suétone, *de Claris rhetorib.*, ch. VI.
7. Cornélius Népos.
8. Pline, liv. XVI, ép. XXIV.

III

Regret causé par la mort d'une personne chérie.

Un rescrit de l'empereur Adrien, inséré dans le *Digeste*, prévoit le cas d'un père se tuant par suite de la douleur que lui a causé la mort de son fils. Son testament est valable.

Voici le texte emprunté à Marcien (*de Delatoribus*) : « Videri autem et patrem, qui sibi manus « intulisset quod diceretur filium suum occidisse, « magis dolore filii amissi mortem sibi irrogasse, « et ideo bona ejus non esse publicanda[1]. »

Mais il n'est pas douteux que la mort d'un fils ne fût pas la seule affliction qui légitimât le suicide. Nous voyons, en effet, dans l'histoire romaine, de nombreux exemples de femmes ne voulant pas survivre à leurs maris, et il est certain que leur suicide fut regardé comme légitime.

Sans rappeler ici les suicides de femmes que nous avons mentionnés plus haut, il suffira de citer les

1. *Dig.*, liv. XLVIII, tit. XXI, loi 3, p. 5.

noms célèbres de Porcia, fille de Caton, qui se tue pour ne pas survivre à Brutus, son époux; de la femme de Séjan, qui ne peut survivre au meurtre de ses enfants, ordonné par Tibère, après la disgrâce de son ancien favori; de Cornélia, la veuve de Crassus; de Sestilie et de Prassea, qui meurent avec leurs maris; de Pompée, la femme de Sénèque, qui, après la mort de son époux, s'ouvre les veines dans un bain, et qui ne vit que parce que Néron la fait guérir de force.....

IV

Honte d'être débiteur insolvable.

Celui qui, débiteur d'une somme d'argent, ne pouvait la payer, était autorisé à préférer la mort à sa honte par les lois romaines si sévères pour les insolvables. On sait que, dans le Droit ancien, les créanciers vendaient *trans Tiberim* comme esclaves[1] les débiteurs qui n'avaient pas exécuté la condamnation qui les frappait dans le délai légal

1. Aulu-Gelle, XX, 1, p. 45.

de quatre-vingt-dix jours. On comprend que la loi, si sévère, eût permis aux débiteurs de se soustraire par la mort à la honte de l'esclavage.

La condition des débiteurs s'était améliorée, il est vrai, plus tard ; mais la loi avait maintenu jusque sous Justinien cette excuse légale du suicide.

Nous la trouvons au *Digeste*, dans un seul texte : la loi 45, § 2, du tit. XIV, liv. XLIX, que nous avons déjà plusieurs fois invoquée :

Quod si in tædio vitæ, aut pudore æris alieni..., admisit, suæ successioni relinquuntur.

Après que la législation des Douze-Tables, qui voulait que le débiteur insolvable fût vendu hors de Rome comme esclave, eut été modifiée, il n'en subsista pas moins pour le créancier impayé le droit de faire emprisonner le débiteur. Si le débiteur mourait insolvable, on sait que ses biens étaient vendus par les soins des créanciers et que la mémoire du défunt était notée d'infamie.

Le texte de Paul, que je viens de citer, prouve que les Romains laissaient à celui qui ne pouvait payer une dette le moyen d'échapper à l'infamie en se tuant, prévoyant bien que cette dernière ressource ne serait employée que par les hommes d'honneur qu'une catastrophe imprévue mettait dans l'impossibilité de remplir les obligations par eux contractées.

V

Désir de faire parler de soi.

On admettait à Rome, comme légitime, l'ambition de tous les citoyens de laisser un nom célèbre en mourant, et on approuvait ceux qui, n'ayant pu trouver la gloire dans la vie, la cherchaient dans la mort.

L'exemple de certains philosophes, admirés de tous pour avoir, avec tranquillité, senti venir ou même appelé la mort; le respect dont on entourait les Brutus, les Scipion et les Caton, avaient exercé sur l'esprit des Romains une influence assez grande pour que les lois tolérassent, comme une juste cause de suicide, le besoin de faire parler de soi, l'ambition de transmettre à la postérité son nom illustré par une mort volontaire.

Ulpien, dans la loi 6 du tit. III, liv. XXVIII, au *Digeste*, que nous avons déjà citée, place parmi les excuses légales l'orgueil au même rang que le dégoût de la vie ou les maladies incurables :

« Quod si quis, tædio vitæ..., vel jactationis, ut « quidam philosophi, in ea causa sunt, ut tes« tamenta valeant. »

Les philosophes auquel Ulpien fait ici allusion sont, d'après Denis Godefroy, commentateur du *Digeste* : Empédocle, Protéus, Cléanthe, Chrysippe, Zénon, Démocrite, Euphrate, Diodore, etc.

VI

La folie.

La législation romaine, comme presque toutes celles qui ont réprimé le suicide, considérait la folie comme une excuse légale.

Le *Digeste* est muet sur cette excuse, mais les deux lois du Code que nous avons déjà citées prévoient le cas où le suicide a été commis par le *furiosus*, et le regardent comme ayant eu une cause valable de quitter la vie. On ne saurait, en effet, rendre responsable de ses actes celui qui les commet dans un accès de folie.

Les textes sont, au Code, les lois 2 du tit. XXII, liv. VI, et 1 du tit. L, liv. IX.

VII

La démence.

Non seulement le *furiosus* est regardé comme excusé au cas où il attente à ses jours, mais la législation romaine étend sa protection à l'*insanus* qui se suicide.

L'*insanus* est celui qui, sans être en proie à la *furoris rabies*, dont parle la loi 2 du Code, n'a pas une intelligence suffisante pour mesurer la portée de ses actes, et, par conséquent, pour en être rendu responsable.

C'est dans la loi 1, tit. L, liv. IX, au Code, que l'*insania* est prévue.

VIII

Outrage à la pudeur.

Le souvenir de Lucrèce, se tuant pour échapper au déshonneur, est trop présent à tous les esprits pour qu'il soit utile d'insister sur ce point.

Notre Code Pénal français regarde l'outrage à la pudeur commis avec violence comme une excuse légale de la mutilation d'autrui; le Droit romain le considérait comme une cause légitime de suicide.

Cependant, les textes sont muets sur cette matière.

Si, à ces diverses excuses légales du suicide, on ajoute le dévouement à la patrie, on arrivera à avoir l'idée exacte de la législation qui le réglementait.

Il est inutile d'ajouter ici des exemples de dévouement à la patrie; les Annales de Rome sont pleines de ces sacrifices volontaires, qui valaient à leurs auteurs l'estime et l'admiration de tous. Pour servir leur pays, ils allaient volontairement au-devant de la mort certaine; d'autres fois, comme Régulus, ils préféraient le supplice promis à l'oubli d'un serment. Ce ne sont pas là cependant de véritables suicides, et les législateurs de tous les temps et de tous les pays ont été unanimes à approuver leur courageuse conduite; le Droit canonique lui-même, si sévère pour le suicide, ne trouvait que des éloges pour ses martyrs qui, comme Polyeucte, allaient au-devant de la mort.

Dans tous les cas que nous venons d'énumérer où

le suicide avait une cause légitime aux yeux de la loi, le défunt était traité comme s'il était mort de mort naturelle.

Nous n'avons donc pas à déterminer ici ses droits divers ; la législation ordinaire lui est applicable.

Nous allons maintenant parcourir les diverses hypothèses dans lesquelles le suicide était considéré comme punissable, et tombait sous l'application de la loi.

§ 2.

Suicides illégitimes.

I

Suicides sans cause.

Celui qui, sans motif, se tuait, était punissable : « Et merito, si sine causâ sibi manus intulit, pu-
« niendus est : qui enim sibi non pepercit, multò
« minus aliis parcet[1]. »

1. *Dig.*, liv. XLVIII, tit. XXI, loi 3, p. 6.

Mais Marcien ne nous indique pas quelle peine on encourait dans cette hypothèse, et il est fort probable que le cas ne se présentait pas souvent, puisque le suicidé resté vivant avait pour excuse toute prête le dégoût de la vie. Si, comme il le semble d'après ce texte, il y eut une peine, elle dut être purement fiscale et imaginée dans l'intérêt du Trésor.

II

Suicides ayant pour but d'échapper à une condamnation.

Nous allons, dans deux sections distinctes, étudier les deux hypothèses d'une condamnation prononcée et d'une condamnation éventuelle. Sous Justinien, la répression est la même, mais nous retrouverons ici les changements successifs de législation.

Condamnation prononcée.

Il semble que de tout temps, à Rome, ceux qui, condamnés par une sentence, se tuaient pour échapper au châtiment, ont été punis sévèrement par les lois : leur cadavre était privé de sépulture, et les parents du suicidé ne pleuraient point sa mort et ne lui rendaient pas les honneurs funèbres.

Ces privations des cérémonies funéraires durent être fort sensibles aux premiers Romains qui tenaient avant toute chose à être ensevelis avec pompe, et qui, dans le seul but d'avoir un héritier chargé de veiller sur leur sépulture et de leur rendre les devoirs pieux dus aux aïeux, avaient introduit dans leur législation leur préoccupation constante de perpétuer le culte du foyer, c'est-à-dire le culte des morts. « Toute l'antiquité, dit Fustel de Coulanges, a été persuadée que, sans la sépulture, l'âme était misérable, et que, par la sépulture, elle devenait à jamais heureuse. Ce n'était pas pour l'étalage de la douleur qu'on accomplissait la cérémonie funèbre, mais pour le repos et le bonheur du mort[1]. »

Un exemple bien curieux de ce souci qu'avaient les anciens de mourir sans être ensevelis avec les rites consacrés nous est fourni par l'histoire des Athéniens. Deux généraux, après une victoire navale, avaient négligé de recueillir et d'enterrer les

1. F. de Coulanges, *Cité antique*.

cadavres des Athéniens tués dans le combat; mais les parents des morts, pensant au long supplice que leurs âmes allaient souffrir, vinrent en foule au tribunal, et les deux généraux vainqueurs furent condamnés à mort. « Par leur victoire, ils avaient sauvé Athènes; mais, par leur négligence, ils avaient perdu des milliers d'âmes[1]. »

Ces croyances, les mêmes à Rome qu'à Athènes, durent détourner du suicide beaucoup de condamnés.

Cependant, ces peines n'étaient point les seules qu'ils encourussent : le Droit civil les frappait d'incapacités multiples.

Leur testament, s'ils en avaient fait un, était annulé; s'ils mouraient *intestat*, leurs héritiers n'héritaient pas de leurs biens; le fisc, dans les deux cas, s'appropriait l'héritage.

Les donations à cause de mort, les donations entre époux étaient révoquées.

Nous avons vu déjà que, sous l'empire, une part de la fortune ainsi dévolue au fisc, le quart, était donnée comme prime aux dénonciateurs.

1. F. de Coulanges, *Cité antique.*

Condamnation éventuelle.

Ce n'est, comme je l'ai démontré dans le chapitre précédent, que pour empêcher les citoyens riches dont l'empereur convoitait la fortune d'arracher par la mort volontaire leurs biens à la confiscation qui les menaçait, que les suicides avant le jugement, d'abord impunis, furent assimilés aux suicides intervenus après la condamnation [1].

Sous Justinien, la législation est depuis longtemps fixée à cet égard, et l'assimilation est complète. Elle paraît avoir été effectuée avant le règne d'Antonin le Pieux, dont une constitution est insérée au Code de Justinien : « Eorum bona vindicantur qui « conscientiâ delati admissique criminis, metuque « futuræ sententiæ, manus sibi intulerunt [2]. »

Le Code dit encore : « Quod si futuræ pœnæ metu « voluntaria morte supplicium antevertit, ratam « voluntatem ejus conservari leges vetant [3]. »

Et le *Digeste* : « Eorum qui mori magis quam

1. V. Tacite, *Annales*, liv. VI, ch. XXIX, XXII, XLVIII, et Godefroy, *Comment. du Digeste.*
2. Code, liv. IX, tit. L, loi 1.
3. Code, liv. VI, tit. XXII, loi 2.

« damnari maluerint ob conscientiam criminis, testamenta irrita constitutiones faciunt[1]. »

Antonin le Pieux, en réglementant cette matière, posa comme principe que l'accusé qui se tuait se considérait comme coupable, et, par suite, devait être regardé comme tel. C'était aussi l'opinion de Papinien.

De cette doctrine, consacrée par la loi 3 déjà citée[2], il résulte que les mêmes peines sont prononcées contre celui qui se tue accusé, que s'il eût été condamné; le suicide n'est considéré ici que comme un aveu.

Cette législation admit des tempéraments; non seulement le suicidé n'était noté d'infamie, son testament annulé, ses donations rescindées qu'au cas où la peine qu'il encourait impliquait, d'après le Droit commun, ces déchéances[3], mais encore, même cette présomption d'aveu résultant du suicide pouvait être combattue par les héritiers.

Ceux-ci pouvaient prendre en main la défense du mort; et si leur cause triomphait, si le jugement

1. *Dig.*, liv. XLVIII, tit. XXI, loi 3.
2. *Dig.*, liv. XLVIII, tit. XXI, loi 3.
3. *Dig.*, liv. XLVIII, tit. XXI. loi 3, § 1.

acquittait le défunt, l'hérédité leur était dévolue selon le Droit commun :

« De illo videamus si quis conscita morte, nulla
« justâ causâ præcedente in reatu decesserit, an
« si parati fuerint heredes causam suscipere, au-
« diendi sint, nec prius bona in fiscum cogenda
« sint, quam si de crimine fuerit probatum : an vero
« omnimodo publicanda sunt ? Sed Divus Pius Mo-
« desto Taurino rescripsit : si parati sint heredes
« defensiones suscipere, non esse bona publicanda,
« nisi de crimine fuerit probatum [1]. »

Ce n'était donc dans le dernier état du Droit, à Rome, et depuis Antonin le Pieux, que dans le cas où la condamnation encourue entraînait la mort, la perte du droit de cité ou l'esclavage [2], que les suicidés étaient privés des honneurs funèbres, et que le fisc héritait de leurs biens ; et encore, si les héritiers se présentaient et demandaient à présenter la défense du défunt, le procès devait suivre son cours, et ce n'est qu'à la suite de la condamnation que le fisc entrait en possession.

1. *Dig.*, liv. XLVIII, tit. XXI, loi 3, § 8.
2. Même texte, § 1, et loi 1, tit. XX, même livre.

Ainsi, pour résumer, le suicide, d'abord impuni quand il se produisait avant la condamnation de l'accusé, puis, dans un but fiscal, frappé de peines dans tous les cas où il émanait d'un accusé quelconque, est, depuis Antonin le Pieux, puni quand il provient d'un condamné, et regardé comme un aveu si c'est un prévenu qui le commet, et encore n'est-ce là qu'une présomption légale que les intéressés sont autorisés à combattre.

Telle était encore sous Justinien la législation du suicide; l'insertion au *Digeste* et au Code des textes cités en est la preuve.

Tel était le Droit qui régissait les citoyens romains en cette matière. Nous allons maintenant envisager la question au point de vue spécial des militaires et des esclaves.

§ 3.

Suicides militaires.

Le soldat se doit à la patrie; sous les drapeaux, sa vie ne lui appartient plus; le salut de la patrie est entre ses mains; il ne doit pas déserter, soit par la mort, soit autrement, le poste qu'on lui a confié; c'est là ce qui explique la rigueur des lois romaines pour le soldat qui se suicidait.

S'il se tuait, l'ignominie était attachée à son nom comme à celui d'un traître; quant à sa succession, la loi romaine faisait une distinction.

S'il s'était tué à la suite d'un délit militaire commis par lui, son testament était annulé; les biens échappaient à ses héritiers *ab intestat;* c'était le fisc qui s'en emparait.

Si, au contraire, c'était par un des motifs reconnus par la loi romaine comme légitimes qu'il avait mis fin à ses jours, son testament était valable; s'il n'en laissait pas, c'étaient ses héritiers ou, à leur défaut, la légion qui recueillait ses biens, conformément à la loi 2, titre LXI du livre VI, au Code.

Ces prescriptions sont contenues dans le texte suivant[1], qui les attribue à l'empereur Adrien[2] :

« Si quidem ob conscientiam delicti militaris « mori maluit, irritum fit ejus testamentum. Quod « si tædio vitæ, vel dolore, valere testamentum ; « aut si intestato decessit, cognatis, aut si non sint « legioni, ista sint vindicanda. »

1. *Dig.*, loi 3, § 7, tit. III, liv. XXVIII.
2. Epit. d'Adrien à Pomponius Falco.

Ce texte n'énonce pas toutes les causes légitimes de suicide, mais en le comparant aux textes que nous citerons tout à l'heure, et qui sont relatifs au cas de tentative de suicide, on peut affirmer que ce n'est là qu'une série d'exemples, et non une énumération restrictive.

La loi 34 du tit. I, liv. XXIX, au *Digeste*, répète bien ces deux mêmes exemples : « Ejus militis « qui doloris impatientiâ, vel tædio vitæ, mori « maluit, testamentum valere, vel intestati bona ab « his qui lege vocantur vindicari Divus Adrianus « rescripsit ». Mais un autre texte, qui est aussi emprunté à la législation de l'empereur Adrien, donne une énumération beaucoup plus complète des causes légitimes du suicide, qui, pour les militaires, sont aussi les mêmes que dans le Droit commun [1].

Voici ce texte, qui nous servira à connaître la législation romaine en matière de tentatives de suicide exécutées par des soldats : « Qui se vulneravit, « vel alias mortem conscivit sibi, imperator Hadria- « nus rescripsit, ut modus ejus rei statutus sit; ut « si impatientiâ doloris, aut tædio vitæ, aut morbo, « aut furore, aut pudore mori maluit, non animad-

1. *Dig.*, liv. XLIX, tit. XVI, loi 6, § 7, *De re militari.*

« vertatur in eum; sed ignominia mittatur; si nihil « tale prætendat, capite puniatur. »

On le voit, la loi romaine se montrait sévère pour les soldats qui, ayant tenté de se tuer, n'y avaient point réussi.

S'ils avaient à invoquer une cause légitime de suicide, on se contentait de les casser de leurs grades, s'ils en avaient, et de les chasser honteusement de l'armée.

S'ils n'avaient point de raison valable à invoquer, on les punissait de mort.

Une autre loi du *Digeste* vient confirmer celle que nous venons de citer : « Miles qui sibi manus intu- « lit, nec peregit factum, nisi impatientiâ doloris, « aut morbi, luctusque alicujus, vel aliâ causâ fe- « cerit, capite puniendus est : aliàs cum ignominiâ « mittendus est[1]. »

C'est, d'après les divers jurisconsultes auxquels ces textes sont empruntés, à l'empereur Adrien que cette législation répressive devrait être attribuée. Je crois plus probable qu'elle existait antérieurement à son règne, et que l'empereur ne fit que l'appliquer dans ses rescrits.

1. *Dig.*, liv. XLVIII, tit. XIX, loi 38, § 12.

§ 4.

Du suicide chez les esclaves.

En droit naturel, l'esclave, comme nous l'avons dit plus haut, a le droit de se tuer : « Naturaliter « servis licet in corpus suum sævire », dit Ulpien[1]. Nous trouvons une application de ce principe au titre *de Peculio*, au *Digeste*.

L'esclave qui, en droit, ne pouvait rien posséder, avait bientôt été admis, pour l'encourager et le stimuler par l'appât du gain possible, à conserver la gestion d'un pécule, dont les premiers éléments lui étaient fournis soit par des cadeaux du maître, soit par ses propres épargnes, et qu'il augmentait ensuite par son économie et son activité.

Peu à peu, la possession de ce pécule lui fut garantie contre les tiers et même contre ses maîtres; on le laissait à l'esclave vendu[2], et, dans les affranchissements, il était d'un usage si constant

1. *Dig.*, liv. XV, tit. I, loi 9, § 7.
2. Varron, II, ch. x. *Peculium accedere solet.*

que l'esclave conservât son pécule qu'on l'avait érigé en présomption juridique [1].

La loi 9, titre I, livre XV, au *Digeste*, suppose qu'il s'agit de déterminer les dommages qu'un maître doit prélever sur le pécule de l'esclave; et, disant que l'esclave est maître de se tuer, elle déclare que le maître ne pourra retenir la perte que lui aurait occasionnée l'esclave en se blessant lui-même, pas plus que s'il s'était tué.

S'il s'est blessé et que le maître l'ait soigné, Ulpien pense que les frais faits par le maître à cette occasion devront être imputés sur le pécule, bien qu'en soignant son esclave il ait soigné sa propre chose.

Les textes sont muets sur la répression qui frappait les suicides ou plutôt les tentatives chez les esclaves.

Cette lacune s'explique aisément.

Au cas où l'esclave se tuait, il n'y avait aucun intérêt à régler sa situation; il était, en effet, incapable de tester, incapable d'avoir des héritiers et, par conséquent, la loi n'avait pas à disposer de sa succession.

Si sa tentative de suicide échouait, le maître, qui

1. Vat., *Fragm.*, p. 261.

avait sur lui la puissance absolue, était seul appelé à décider de la répression qu'il méritait. Le maître avait sur l'esclave le droit de correction (*castigatio*), et jamais ce droit ne lui a été enlevé.

Lorsque Antonin le Pieux, s'intéressant au sort des esclaves, promulgua ses deux Constitutions célèbres [1], il défendit au maître une cruauté trop grande à l'égard de leurs esclaves, mais seulement quand ils ne la méritaient point, et assimila le meurtre de l'esclave au meurtre d'autrui, pourvu toutefois que le maître n'eût à invoquer aucune raison [2].

Or, ici, la tentative de suicide était évidemment une cause suffisante de répression, qui autorisait le maître à punir l'esclave à sa guise.

La loi ne s'est occupée du suicide de l'esclave que dans un cas où ce suicide pouvait préjudicier à des tiers.

Lorsqu'un esclave vendu se suicide après la vente, la vente est rescindée, et l'acheteur a droit à la *restitutio in integrum.*

On considère l'esclave qui se suicide comme un

1. Gaius, *Institutes* (*Comment.*), I, p. 53.
2. *Sine causâ in servos suos sævire.* (Gaius.)

esclave vicieux : « Malus servus creditus est, qui « aliquid facit quo magis se rebus humanis extra- « hat...[1] »

S'il se tue, on l'assimile à l'esclave qui aurait commis un crime passible de la peine capitale[2], et en vertu des principes posés par les édiles curules, au sujet de la garantie des vices rédhibitoires, l'action *redhibitoria* permet à l'acheteur de faire rescinder la vente et d'obtenir la restitution du prix.

S'il ne fait que se blesser, la même action est donnée à l'acheteur : « ... Ut puta laqueum torsit, « sive medicamentum pro veneno bibit, præcipi- « temve se ex alto miserit, quo facto speravit mor- « tem perventuram; tanquam nonnihil in alium « ausurus, qui hoc adversus se ausus[3]. »

L'esclave est regardé comme capable de commettre un attentat contre la vie d'autrui, et c'est à raison de ce vice qu'on permet la rescision de la vente.

L'action *redhibitoria* résolvait le contrat et replaçait les parties dans la situation qu'elles occupaient avant la vente. On la compare, à juste

1. *Dig.*, liv. XXI, tit. I, loi 23, § 3.
2. *Dig.*, liv. XXI, tit. I, loi 23, § 2.
3. *Dig.*, liv. XXI, tit. I, loi 23, § 3.

titre, à une *restitutio in integrum* réciproque. Le vendeur rend le prix et doit, en outre, rembourser le dommage causé par le vice invoqué. L'acheteur doit restituer la chose vendue, ou l'esclave, avec les fruits et acquisitions qu'elle lui a procurés. Cette action n'est plus recevable au bout de six mois.

Ainsi, le suicide de l'esclave, accompli ou tenté, qui se produisait après six mois, ne donnait lieu à aucune résiliation de la vente.

Il y avait cependant, même au cas où le suicide se produisait dans le délai, des exceptions; c'est ainsi que si la cause du suicide était la folie[1], ou même, suivant un texte d'Ulpien, cité par M. Bourquelot[2], la douleur occasionnée par une maladie incurable, la vente produisait son entier effet.

1. *Dig.*, liv. XXI, tit. I, loi 23, § 2.

2. *Mortis consciendæ sibi facit, qui propter nequitiam, malosque mores, flagitium, vel aliquod admissum mortem sibi consciscere voluit, non si dolorum corpus non sustinendo id fecerit.* (Bourquelot, *Suicide au moyen âge.*)

§ 4.

Procédure.

« Ejus bona qui sibi mortem conscivit, non ante « ad fiscum coguntur, quam prius constiterit cujus « criminis gratiâ manus sibi intulerit[1]. »

Une enquête, chaque fois qu'un suicide se produisait, devait être ouverte; quand elle avait fait connaître les causes déterminantes de la mort, on prononçait, s'il y avait lieu, les peines légales. C'est le préteur qui était chargé de ce soin. Parmi les nombreux préteurs qui siégeaient sous l'empire, un était spécialement chargé, depuis le règne de Nerva, de régler les contestations entre le fisc et les particuliers[2]. C'est à lui qu'étaient soumises les contestations relatives au suicide.

Je rappelle ici que, dans le cas où un accusé se suicidait, les héritiers pouvaient continuer le procès, qui se déroulait devant les *quæstiones* ou tribunaux

1. *Dig.*, liv. XLIX, tit. XIV, loi 45, § 2.
2. *Dig.*, liv. I, tit. II, loi 2, § 32.

criminels que présidait un préteur, et que, si le mort était reconnu innocent, ils étaient appelés à recueillir sa succession.

Ceci ne s'applique évidemment ni aux esclaves, ni aux soldats. Dans le cas où on demandait la rescision d'une vente d'esclave on devait s'adresser au magistrat chargé de statuer sur les actions édilitiennes, et non au prêteur des affaires criminelles.

Quant aux suicides militaires, c'était aux autorités compétentes à statuer. Celui qui se blessait était, par la loi, assimilé à celui qui blessait un de ses camarades, et les tribunaux militaires les jugeaient tous deux.

On peut, comme on le voit, résumer en peu de mots la législation romaine en matière de suicide.

Chacun est libre de se débarrasser du fardeau de l'existence, pourvu qu'il ne porte pas atteinte par sa mort aux droits d'autrui.

L'accusé qui se tue avant le jugement est regardé comme ayant avoué sa faute et s'en être puni par avance; la peine qui eût frappé ses biens en sa mémoire, s'il eût été condamné, lui est appliquée.

S'il se manque, le procès suit son cours.

Les héritiers, en cas même de suicide consommé, peuvent, en reprenant la cause pour leur compte, réhabiliter le défunt des déchéances encourues.

Le soldat qui se tue est traité comme s'il avait déserté son poste, quand il n'a pas eu, pour finir la vie, une juste cause; la peine des traîtres est appliquée.

S'il se blesse volontairement, il est, s'il n'a pas d'excuse légale à invoquer, traité et puni comme s'il avait frappé un autre soldat; il encourt la peine capitale.

S'il a une juste cause, il est considéré comme un lâche, et cassé ignominieusement.

L'esclave qui se suicide est considéré comme l'ayant fait à bon droit, en droit naturel, mais comme ayant causé à son maître un préjudice, par conséquent comme punissable.

S'il est mort à la suite de son attentat, on ne peut rien contre lui; s'il s'est seulement blessé, le maître a tout pouvoir sur lui, et c'est lui seul qui est le juge de la répression qu'il mérite.

Tel était, sous Justinien, la condition légale des suicidés. Cette assimilation du meurtrier de soi-même au meurtrier d'autrui, qui apparaît déjà dans le Droit romain, va se retrouver, mais toute-puissante, dans le Droit canonique, que nous allons étudier bientôt.

III

LE SUICIDE EN FRANCE

JUSQU'AU XIXe SIÈCLE

CHAPITRE PREMIER

GAULOIS ET GERMAINS

Le suicide fut fort en honneur chez les peuples primitifs de la Gaule.

La religion que leur prêchaient les druides était une religion d'espérance. Par-delà cette terre où ils soutenaient l'âpre combat de la vie était un autre monde réservé aux puissants et aux forts, où les élus passeraient l'éternité dans des jouissances éternelles. Le walhalla s'ouvrait aux guerriers tombés sur les champs de bataille; il se fermait, au contraire, à tous ceux dont la vie restait inutile à la tribu.

Les vieillards, dont le bras inerte ne pouvait plus

soutenir un glaive ou lancer un javelot; les femmes, incapables de porter les armes et que les vainqueurs emmenaient avec le butin, voyaient se fermer pour eux les portes du paradis. Un seul moyen leur était donné d'y entrer encore : c'était de montrer qu'ils savaient affronter la mort sans la craindre, et puisqu'ils ne pouvaient l'aller chercher dans les combats, de se tuer eux-mêmes.

Aussi, les suicides de femmes étaient-ils fort nombreux; à la mort de leur époux, elles se tuaient sur leur corps.

Une autre raison venait s'ajouter à leur foi religieuse et les poussait au suicide. Quand, dans une de ces guerres incessantes qui agitaient les diverses peuplades du pays, leurs époux étaient vaincus, les femmes tombaient au pouvoir des vainqueurs et devenaient leurs esclaves. Aussi, les suicides de femmes étaient-ils fréquents, et les historiens de Rome nous en ont-ils conservé de nombreux exemples contemporains de la conquête de la Gaule par les Romains.

Vaincue par César, la reine des Bretons s'empoisonna. Lors de l'expédition de Marius contre les Teutons et les Cimbres, les femmes prisonnières firent demander au général de les respecter et de les attacher au service des vestales. Marius refusa, et, le lendemain, on trouva toutes les captives pendues[1]. On pourrait multiplier les exemples.

Les vieillards, quand ils sentaient l'âge affaiblir leurs forces, couraient aussi à la mort qui les avait épargnés au combat. Les guerriers danois, revenus vivants des expéditions lointaines, regardaient comme une honte de mourir de ce qu'ils appelaient « la mort des vieilles femmes » (*kerlingadande*), et se tuaient[2].

Chez les Wisigoths existait un rocher célèbre, appelé le Rocher des Aïeux; les vieillards inutiles allaient se précipiter du haut de ce rocher, et y trouvaient la mort[3].

Pline raconte qu'au pays d'Hyperborée régnait la même coutume[4]; il est probable que c'est le pays des Wisigoths qu'il a voulu désigner ainsi. Le roi Cativilcus, obligé par l'âge à se cacher devant César, s'empoisonna.

Les vieillards se suicidaient chez toutes les peu-

1. Plutarque, *Vie de Marius.*
2. Bartholin, *de Causis contempt. mortis a Danis.*, II, ch. VII.
3. Michelet, *Origines du Droit français.*
4. Pline, liv. IV, ch. XII.

plades germaines. Chez les Thraces, les Venètes, les Hérules, les Prussiens, les Sères, les Troglodytes, les fils tuaient leurs parents vieux, et ceux-ci regardaient la mort comme un bienfait[1]. Nous avons déjà vu qu'en Grèce quelques coutumes étaient analogues à celles-là; à Marseille, colonie grecque, les vieillards soumettaient au Sénat leur désir de se tuer, et le Sénat, s'il approuvait les mobiles qui les poussaient à la mort, leur donnait du poison que conservait la ville pour cet usage.

En Gaule, le mépris de la mort était tel que des Gaulois se faisaient tuer pour de l'argent ou du vin[2], que, dans leurs fêtes, ils se frappaient à mort, et que si un chef était tué, ses amis et ses compagnons le suivaient volontairement dans la tombe.

Ils combattaient nus, et affrontaient sans crainte tous les dangers.

Dans la guerre des Gaules, César raconte que six cents Sotiates firent vœu de vaincre avec leur chef ou de mourir avec lui; vaincus, ils se tuèrent ou se firent tuer jusqu'au dernier[3]. Sacrovir, après

1. Bourquelot, *Suicide au moyen âge.*
2. Posidon., liv. XXIII.
3. César, *de Bello Gallico*, liv. III, ch. XXII.

la défaite des Eduens, poursuivi par César, se retira dans sa maison d'Autun, où lui et ses derniers compagnons se poignardèrent après avoir incendié le palais.

Un chef gaulois, un Brenn, qui avait été, à la fin du troisième siècle, chercher fortune en Grèce, avait été battu. Blessé dangereusement, voyant la famine et la maladie décimer l'armée, il conseilla à ses soldats de retourner en Gaule, après avoir massacré les malades et les blessés qui retardaient la marche; lui-même se tua ensuite[1].

« Aucun peuple, aussi brave et audacieux qu'il fût, ne prodigua autant sa vie (que les Gaulois). Nous lisons qu'ils célébraien les naissances par des pleurs et les funérailles par des chants. Donner sa vie n'était pas pour eux un sacrifice; sans cesse disposés à hâter leur mort et pleins de mépris pour la vieillesse, ils croyaient avoir dans leurs mains et dans leurs épées le moyen d'y mettre un terme[2]. » Pour eux, le suicide était le moyen d'arriver plus vite au bonheur.

1. Pelloutier, *Hist. des Celtes*, liv. II, ch. XIV; Diodore de Sicile, *Bibl. hist.*, liv. XXII, 13.
2. Buonafede, *Hist. du suicide*, 1760.

CHAPITRE II

LE DROIT CANONIQUE

Jusqu'ici nous avons trouvé la loi bienveillante pour le suicide ; la religion et les mœurs toléraient souvent, encourageaient parfois cette sortie de la vie « par la porte de derrière. »

Désormais, tout va changer de face ; la religion chrétienne va reprendre la prohibition du Décalogue : « Tu ne tueras point », et le suicide va être, pendant plusieurs siècles, regardé comme le plus coupable des actes, assimilé à l'assassinat.

Le premier chrétien qui se prononça ouvertement contre le suicide et qui exposa nettement ses doctrines fut saint Augustin.

Jusqu'à lui, les Pères de l'Eglise avaient été divisés sur la question, et quelques-uns avaient même admis certaines causes comme légitimant le suicide, par exemple chez les saintes femmes la menace de subir les derniers outrages.

Saint Augustin, dans sa *Cité de Dieu*, ne fait pas de distinctions : toujours le suicide est blâmable.

« Ce n'est pas sans raison, dit-il, que dans les Livres saints on ne trouve aucun passage où Dieu nous commande ou nous permette, soit pour éviter quelque mal, soit même pour mériter la vie éternelle, de nous donner volontairement la mort. Cela nous est absolument interdit par le précepte : « Tu ne tueras point ». Ces termes sont formels; la loi divine n'ajoute rien qui les limite. On peut admirer la grandeur d'âme de ceux qui ont attenté à leur vie, on ne saurait louer leur sagesse. Et même, à examiner les choses de plus près et à la seule lumière de la raison, est-il juste d'appeler grandeur d'âme cette faiblesse qui rend impuissant à supporter son propre mal ou les fautes d'autrui? Rien ne marque mieux une âme sans énergie que de ne pouvoir se résigner à l'esclavage du corps et à la folie de l'opinion. Il y a plus de force à endurer une vie misérable qu'à la fuir, et les lueurs douteuses de l'opinion, surtout de l'opinion vulgaire, ne doivent pas prévaloir sur les pures clartés de la conscience [1]. »

Puis, aux exemples illustres des Caton, des Scipion, il opposait celui de Job, qui, après avoir joui de toutes les félicités terrestres, accablé de toutes les disgrâces, attendait patiemment sur son grabat que la main de Dieu se fût détournée de lui.

Et en terminant, il disait : « Ce que nous disons, ce que nous affirmons, c'est que personne n'a le droit de se donner la mort, ni pour éviter les misères du présent, car il risque de tomber dans celle de l'éternité; ni à cause des péchés d'autrui, car, pour éviter un péché qui ne le souille pas, il commence par se charger d'un péché qui lui est propre; ni pour ses péchés passés, car s'il a péché, il a d'autant plus besoin de vivre pour faire pénitence; ni enfin par le désir d'une vie meilleure, car il n'y en a point pour ceux qui sont coupables de leur mort. »

Les conciles, de leur côté, sévissaient contre le suicide et décrétaient contre lui des pénalités.

Le concile d'Arles, en 452, le condamna formellement et le déclara une fureur diabolique :

1. V. saint Augustin, *Cité de Dieu*, liv. I, ch. XIX à XXIV.

« Si quis famulorum cujuslibet conditionis, aut « generis, quasi ad exacerbandam Domini discretio- « nem, se, diabolico persecutus furore, percusserit, « ipse tantum sanguinis reus erit, neque ad domi- « num sceleris alieni invidia pertinebit. »

En 563, le concile de Bragues décrète que « tous suicidés ne seront honorés d'aucune commémoration dans le service de la messe; les chants des Psaumes n'accompagneront pas leur corps au tombeau ». On traitait de même les condamnés criminels, et longtemps après nous verrons les suppliciés et les suicidés encore ensevelis côte à côte dans les cimetières.

Ce canon du concile de Bragues[1] fut reproduit dans le *Judicia congrua pœnitentibus* du pape Grégoire III (art. 22).

Le concile d'Auxerre n'est pas moins formel; le canon 17e s'exprime ainsi : « Quicumque se proprià « voluntate in aquam jactaverit, aut collo ligato « suspenderit, aut de arbore præcipitaverit, aut « ferro percusserit, aut qualibet alià occasione vo- « luntariæ morti se tradiderit, istorum oblatio non « recipientur[2] ».

1. Canon XVI (*II Concil. Bracareus*).
2. Canon XVII (*Lentissiodor. Concil.*), capit. CDXLII du

Le concile de Troyes (878) reproduit ces mêmes déchéances[1].

Le pape Nicolas Ier dit que celui qui se suicide « a péché mortellement » ; « celui qui se tue fait comme Judas, il suit les inspirations du démon et est aussi coupable que lui[2] ».

Il ordonne d'enterrer les cadavres des suicidés, parce que l'odeur qu'ils exhaleraient exposerait les vivants à des épidémies; mais il défend de célébrer pour eux la messe ou de les ensevelir au chant des Psaumes. Sont, en effet, privés du saint sacrifice tous ceux qui meurent en état de péché mortel, à plus forte raison ceux qui se sont donné cette mort.

Cependant, ces doctrines de l'Eglise catholique ne s'implantèrent pas d'abord dans le pays. Le midi de la France, où le Droit romain exerçait encore une toute-puissante influence, continuèrent à ne pas juger aussi défavorablement le suicide, et la coutume de Toulouse notamment conserva les distinctions du Droit romain[3].

recueil intitulé : *Capitularium Karoli Magni et Ludovici pii*, lib. VII. (Angesise et Benoît.)

1. Tricassin (*II Concil.*).
2. Nicolas Ier, *Responsa ad consulta Bulgar.*, art. 48.
3. Bourquelot, *le Suicide au moyen âge*.

Dans le Nord, le mépris de la mort avait été transmis aux descendants des Gaulois, et les suicides continuaient. Grégoire de Tours en cite plusieurs exemples parmi les Francs convertis; il attribue au démon cette résolution de quitter la vie[1]. L'histoire nous a gardé le souvenir de Mérovée, fils de Chilpéric, qui, poursuivi par les soldats de son père, se fit tuer par son ami Gaïlia.

Les Capitulaires des rois francs permettent sur la tombe les prières et les Psaumes, « parce que les jugements de Dieu sont incompréhensibles et qu'on ne peut sonder la profondeur de ses desseins[2] ».

Mais bientôt l'influence de l'Église devient dominante, et, dès lors, dans les textes qui nous sont parvenus, nous retrouvons les mêmes prescriptions et les mêmes pénalités.

Les lois barbares primitives ne nous sont pas connues dans les versions que nous en possédons. Le christianisme a déjà marqué son passage, et nous y retrouvons la paraphrase des canons des divers conciles[3].

1. Greg. Turon., *Hist. Fr.*, lib. IV, cap. XL.
2. *Capit. carol.*, *imperator*, lib. VI, cap. CDLXII.
3. Le XVIe canon (concile de Bragues) est reproduit dans : *Franc. reg. capitul. additio IV*, cap. LXXXI, *capit. collect.*

On déclare le suicide un crime, on prive le suicidé des honneurs funèbres, on flétrit sa mémoire; il est rebelle à Dieu. Quant à ses biens, aucun texte ne s'en occupe. Il est probable cependant qu'ils étaient confisqués, et traités comme les biens des condamnés à mort.

Baluze cite deux Capitulaires, dont nous avons reproduit le premier (Carol., imp. 462); voici l'autre : « Qu'aucun sacrifice n'ait lieu en l'honneur de ceux qui se sont donné la mort, de quelque manière que ce soit, ou qui la reçoivent en punition de leurs crimes, et que le chant des Psaumes n'accompagne leur corps à la sépulture[1] ».

Les canons du roi anglo-saxon Edgard, qui vivait au neuvième siècle, reproduisent cette assimilation des suicidés avec les voleurs et les assassins[2] : « Si quelqu'un se tue spontanément ou par quelque inspiration diabolique, il n'est pas permis de célébrer des messes pour un tel homme; son corps doit être mis en terre sans chant de psaumes, et il ne doit pas être enseveli en terre sainte. Cette sentence doit

ab Archebaldo cancellario. Le XVIIe canon d'Auxerre se trouve au *Capit. reg. Franc.*, lib. VII, cap. CDXLII.

1. Bourquelot, *Suicide.*

2. *Canones sub Edgardo rege editi* (Can. XV).

être appliquée à ceux qui, pour leurs crimes, finissent leur vie dans les supplices, tels que voleurs, homicides, ou ceux qui trahissent leur propre seigneur. »

Le Droit canon définit le suicide en ces termes : « Est vere homicido, et reus homicidii qui se interficiendo innocentem hominem interfecerit ».

Cependant, l'Église primitive des Gaules paraît ne pas s'être montrée tout d'abord trop rigoureuse; c'est ainsi que saint Martin[1] ressuscita un domestique qui s'était pendu; le moine Héron s'étant suicidé, on l'ensevelit pourtant en terre sainte[2].

Ces principes que nous venons de voir exposés dans les canons des divers conciles, en dernier lieu dans les constitutions du roi Edgard, resteront la doctrine de l'Eglise, et nous les retrouverons identiques durant la longue suite d'années que nous allons traverser.

Malgré ces pénalités rigoureuses, malgré la privation des honneurs funèbres et la confiscation des

1. Sulpice Sévère, *Vie de saint Martin*, ch. VI.
2. Cassien, *Collatio*, II, cap. V.

biens, les suicides ne cessèrent pas. L'exaltation du sentiment religieux, très grande chez les moines de cette époque, qui passaient leurs jours dans l'ombre des couvents à écouter bruire leur pensée, les poussa souvent au suicide[1]. Enfermés dans leurs froides cellules, où ils plongeaient leur âme dans l'éternelle contemplation de Dieu, leur prévision constante de la vie future les amenait à mépriser et à prendre en dégoût l'existence si triste d'ici-bas, et ils se tuaient pour aller plus vite au bonheur qui les appelait[2]. Cette maladie, espèce de langueur mystique, a pris le nom d'*Acedia*.

Il n'y a qu'à lire les ouvrages du temps pour en apprécier l'importance et le caractère. A propos d'une tragédie faite au dixième siècle par Hoswita, religieuse de Gaudersheim, M. Magnin[3] écrit : « On trouve dans Callimaque les subtilités, la mélancolie, le délire de l'âme et des sens, et jusqu'à cette fatale inclination au suicide et à l'adultère, attributs presque inséparables de l'amour au dix-neuvième siècle ».

1. Staendlin, *Hist. des doctrines sur le suicide*, Gœttingue, 1824.
2. V. du Cange et Bourquelot.
3. *Revue des Deux-Mondes*, 15 novembre 1830.

M. Bourquelot, dans sa savante étude sur le suicide au moyen âge, l'apprécie ainsi : « Le christianisme, en faisant entrevoir une vie plus belle pour l'avenir, en regardant notre existence comme une vie de transition, amena bien des gens au suicide. Aux dixième, onzième et douzième siècles, il restait quelque chose des tristesses que les Germains avaient puisées aux brumes du Nord... L'ennui s'empara des populations, et les suicides envahirent toutes les classes de la société... »

Blanche de Castille, mère de saint Louis, voulut se tuer; Regnauld, comte de Boulogne, fait prisonnier à Bouvines, se suicida dans sa prison.

La population des couvents payait, avons-nous dit, son tribut à l'épidémie. Césaire, religieux de l'ordre des Bénédictins de Cîteaux, cite de nombreux exemples[1].

La peur des damnations éternelles, la crainte d'être rejeté, comme indigne, du paradis entrevu dans les rêves, entraînait souvent à la mort.

Il nous montre une vieille religieuse, « tourmentée de l'esprit de blasphème et de la peur de l'enfer », se jetant dans la Moselle; un vieillard se pendant à la

1. Césaire, *Dialogi miraculorum*, ch. XLI et suiv.

cloche du couvent; une jeune nonne, folle d'amour, se jetant dans un puits... On pourrait multiplier les cas. Césaire y voit l'œuvre du démon, et déclare que ceux-là seuls ne sont pas damnés qui, avant que cet accès de fureur ne les entraînât, avaient l'amour de Dieu[1].

La littérature de cette époque est pleine de suicides. Les poèmes et les romans des douzième et treizième siècles nous montrent les peines d'amour ou la crainte du déshonneur conduisant à la mort volontaire les héros malheureux. Et nulle part, excepté dans « les quatre fils Aymon », où la crainte de Dieu arrête le bras du roi Jean, on ne voit l'influence religieuse empêcher un suicide[2].

Ce qui semble prouver que dans les masses profondes de la société il restait encore des traces de la bienveillance des aïeux à l'égard du suicide.

Cependant l'Eglise affirmait tous les jours sa doctrine; les ecclésiastiques déclaraient le suicidé criminel et indigne des honneurs de la sépulture :

1. Césaire, *Dialogi miraculorum*, ch. XL.

2. V. *Aucassin et Nicolette, Tristan et Yseult*. — Parthonopeeus veut se tuer; on le garde à vue :

Tant fort le gardent si ami,
Ne s'ocirroit ne si, ne si.

« Item prohibentur (a sepultura christiana) omnes « quos notorium est in mortali peccato decessisse : « puta quia suspenderunt, vel præcipitaverunt, vel « gladio seipsos perimerunt, vel alio simili modo », dit Raymond de Pennafort[1].

Le concile de Nimes émettait les mêmes prescriptions (1184).

Les cathédrales elles-mêmes avaient leur langage, et dans ces grandes basiliques du moyen âge, à Chartres, à Paris, par exemple, les suicidés se trouvent placés au milieu des hommes vicieux; les peines établissaient, comme les conciles, cette assimilation des meurtriers de soi-même avec les meurtriers d'autrui.

Tout le monde connaît, dans la *Divine comédie* de Dante, cette forêt vivante de l'enfer, où les hommes-arbres souffrent, effeuillés par les harpies : c'est la forêt des suicidés. Abélard se prononce contre le suicide : l'Église a triomphé.

Saint Thomas d'Aquin a développé et solidement établi les doctrines de l'Église en ces matières. Nous allons étudier avec lui les principes du Droit canon.

1. Raymond de Pennafort, *Somme*, liv. 1, § I.

Saint Thomas pose d'abord en principe que le suicide est illicite; et il le démontre par trois arguments.

Le suicide est, d'abord, contraire à la loi naturelle, au besoin de conservation inné chez tous les êtres, et qu'on retrouve chez les animaux comme chez les hommes.

Il n'est pas moins inconciliable avec les lois divines et humaines.

L'homme a été créé par Dieu; en se tuant, il détruit donc l'œuvre de Dieu.

Il fait, en outre, partie de la société, et, en se donnant la mort, il la prive d'un de ses membres : il cause donc un préjudice à autrui.

C'est encore une usurpation des droits de Dieu : lui seul nous a créés, lui seul doit faire sonner notre dernière heure.

Ces principes posés, saint Thomas s'attaque aux partisans du suicide, et, se posant à lui-même des objections, les réfute, en invoquant le précepte du Deutéronome : « Tu ne tueras point », qui, comme nous l'avons dit, s'applique à tous les genres de meurtres.

Les magistrats ont le droit de condamner, se dit-il, un coupable à mort; pourquoi le coupable n'aurait-il pas le droit de se punir lui-même?

Il répond que la justice seule a le droit de frapper, et que les coupables doivent se remettre entre ses mains.

Il est tout au moins permis de subir un petit mal pour en éviter un plus grand. Pourquoi l'homme, la veille d'une condamnation, la femme menacée d'un viol, ne se tueraient-ils point?

Ils ne le peuvent : car la mort étant le pire des maux, ils éviteraient un mal pour un plus grand; de plus, le mal qu'ils fuient n'est qu'éventuel, la mort certaine; elle ferme la porte au repentir. Et d'ailleurs, fût-ce pour un bien, la loi divine interdit de faire une mauvaise chose, si insignifiante qu'elle soit.

Samson, qu'on célèbre, se suicida?

Oui, mais c'est la voix de Dieu qui l'y poussa, et Dieu voulut, par sa mort, faire un miracle.

La Bible appelle « noble action » la mort de Bazias, qui se suicida.

Il y a du courage certainement à se tuer ainsi pour éviter un péché; mais ce n'est pas le vrai courage.

Ces réponses, pour la plupart empruntées à saint Augustin, ne résolvent guère les objections sérieuses que les partisans du suicide pourraient poser à saint Thomas, et Bourquelot fait observer que les arguments que l'auteur de la *Somme* prête à ses adversaires ne sont guère sérieux.

En résumé, la doctrine de l'Église était celle-ci : le meurtrier de soi-même est assimilé au meurtrier d'autrui[1].

Privés des honneurs de la sépulture, les suicidés sont ensevelis à l'écart, hors de la terre sainte des cimetières; quant à leurs biens, ils sont confisqués.

Cependant, l'Église faisait une distinction. Des diverses excuses légitimes du suicide que le Droit romain avait admises, elle adoptait les deux dernières : le *furiosus* et l'*insanus*, le fou et l'insensé, étaient exonérés des peines que nous venons d'étu-

1. *Placuit ut hi qui sibi ipsis aut ferro, aut veneno, aut præcipitio, aut suspendio, vel quolibet modo violenter inferunt mortem, nulla de illis in oblatione commemoratio fiat, neque cum psalmis ad sepulturam eorum cadavera deducantur (multi enim sibi per ignorantiam comparunt) similiter et de his placuit qui pro suis sceleribus puniuntur.*

Concil. Bracar., I, cap. XVI.
Gregori III, *Judicia*, cap. XXXII
Halitgar, lib. IV, cap. VI.
Burchard, lib. XIX, cap. CXXX.
Gratien, 23, q. 5, cap. XII.

dier; leurs corps reposaient en terre sainte et leurs biens appartenaient à leurs héritiers.

Nous avons déjà vu le cas du moine Héron, qui fut, d'après Cassius, inhumé avec tous les honneurs funèbres, parce qu'on reconnut qu'il s'était tué dans un accès de folie.

Plus tard, Damboudère[1] se plaindra de ce que la justice civile est plus sévère que les tribunaux ecclésiastiques, et n'excuse pas, comme eux, le fou ou l'insensé qui se suicident.

Ce n'est pas seulement parmi les chrétiens que sévissait le suicide; les juifs, durant la longue persécution dont ils furent l'objet pendant le moyen âge, se suicidèrent en masse, malgré la défense expresse formulée par leurs livres religieux.

Au moment de partir pour les croisades, les croisés s'essayaient, en général, en massacrant quelques milliers de juifs. Ceux-ci, pour échapper à la fureur des fanatiques, se suicidaient. En 1190, cinq cents juifs se tuèrent les uns les autres, à York; en 1320, cinq cents autres, assiégés par les pastoureaux, suivirent cet exemple; d'autres encore se

1. Damboudère, *Praxis rerum criminalium*. Antverp., 1646.

firent égorger par l'un des leurs, dans une prison, en 1321.

L'Église catholique continuait cependant à se montrer impitoyable pour les suicidés; mais, à côté d'elle, lui arrachant peu à peu toute sa puissance matérielle, se formait et grandissait le Droit laïque, « le Droit coutumier. »

C'est de lui que nous allons nous occuper à présent.

CHAPITRE III

LES COUTUMES

L'Église n'avait de juridiction que sur ses clercs; les tribunaux ecclésiastiques ne pouvaient prononcer que des peines spirituelles contre les laïques.

C'étaient les seigneurs et le roi qui avaient sur eux le droit de juridiction.

Sous les premiers rois mérovingiens, dans chaque seigneurie, le comte qui réunissait sur sa tête la puissance militaire et la puissance administrative, présidait les tribunaux où comparaissaient ses justiciables.

A ses côtés prenaient place les rachembourgs, assesseurs nommés par lui, représentants dégénérés des hommes libres des anciennes assemblées franques. Leur rôle, purement passif, se bornait à préparer l'instruction des affaires, si le comte les en chargeait[1].

Les usages que se transmettaient d'âge en âge les habitants de chaque seigneurie eurent sur ces jugements une grande influence, qui augmenta à mesure que la puissance des comtes, de la féodalité, pour employer un terme plus approprié aux temps modernes, devint plus grande.

Chaque seigneur, chaque titulaire de fief eut bientôt, sur le territoire qu'il possédait, une autorité sans bornes ; c'est lui qui administrait, levait les impôts, battait monnaie, rendait la justice. De ses arrêts on pouvait en appeler au roi, qui était le seigneur de tous, le seigneur du royaume ; mais longtemps le droit d'appel de la royauté demeura un droit platonique, et ce n'est qu'avec l'appui des communes que, plus tard, le roi pourra reconquérir la première place, dont il n'avait jusque-là que le titre.

Dans ce morcellement de l'autorité, chaque fraction de territoire eut sa jurisprudence, ses coutu-

1. Fustel de Coulanges, *Institutions de l'ancienne France.*

mes. En matière de mariage, il subsiste en France des usages locaux absolument contradictoires : la Normandie, par exemple, a conservé une prédilection marquée pour un régime qui lui est resté propre pendant de longs siècles. Le suicide donna lieu, comme nous le verrons, à des législations différentes, qui toutes cependant reposaient sur les principes, empruntés au Droit canonique : confiscation des biens, privation des honneurs de la sépulture. Le cadavre était, en outre, l'objet de peines physiques qui variaient dans les différentes provinces et les différentes régions.

A Bordeaux, le cadavre était pendu par les pieds ; à Abbeville, on le traînait sur une claie par les rues ; à Lille, si c'était un homme, le cadavre, traîné aux fourches, était pendu ; si c'était une femme, brûlé.

A Zurich, si le suicide avait été accompli à l'aide d'un poignard, on enfonçait un coin de bois dans la tête du mort ; si l'homme s'était noyé, son corps était enfoui dans du sable ; s'il s'était précipité et tué dans sa chute, on l'ensevelissait sous une montagne.

On pourrait multiplier ces citations ; mais Damboudère[1] a donné une énumération détaillée de tous

1. Damboudère, *Praxis rerum criminalium*. Anvers, 1646.

les genres de supplices infligés aux suicidés, et je préfère renvoyer à son ouvrage ceux qui seraient avides de ces curiosités judiciaires.

Partout, on s'accordait pour ne pas enterrer les suicidés dans la terre sacrée des cimetières, et pour leur faire une place à côté des suppliciés, assimilant leur sépulture comme on assimilait leurs biens.

La procédure suivie en matière de suicide apparaît pour la première fois dans les *Etablissements de saint Louis* [1].

Un procès était fait au cadavre du suicidé par-devant les autorités qui eussent été compétentes pour le cas d'homicide d'autrui, et l'homicide « de soi-même » était traité de même que le meurtrier d'un autre.

Ses biens échappaient à ses héritiers ordinaires et étaient confisqués.

Les textes sont formels sur ce point : « Se il advenoit que aucuns hom se pendist ou se noïast ou occist en aucune manière, si meubles seroient au baron et aussi de la fame [2]. »

1. *Établissements de saint Louis*, ch. LXXXVI : « D'ome « qui se pend ou se noïe, ou de fame qui s'occist en aucune « maniere. »

2. *Établissements de saint Louis*, ch. LXXXVI.

Mais à qui profitait la confiscation? Quel était le « baron », le seigneur auquel revenaient les biens du suicidé?

Tant que la féodalité fut toute-puissante, la confiscation eut lieu au profit du seigneur immédiat, qui avait droit de justice sur le suicidé, au profit de l'Eglise, si le suicidé était un clerc.

Mais bientôt la royauté chercha à accaparer le droit de justice sur les suppliciés, s'efforçant de mettre ainsi la main sur les biens confisqués, et de nombreux exemples nous prouvent qu'elle y réussit peu à peu. Quand elle eut vaincu la féodalité, elle s'empara complètement de ce droit convoité, et toutes les confiscations profitèrent à la couronne. C'est ainsi que nous verrons l'ordonnance de 1760[1] assimiler le suicide au crime de lèse-majesté divine ou humaine.

En Angleterre, de nos jours, c'est la couronne qui bénéficie des confiscations prononcées contre les suicidés; elle en dispose généralement en faveur des courtisans qu'elle désire récompenser.

Mais ce droit de la royauté ne s'établit pas d'un seul coup, et la lutte fut longue. La royauté pour-

1. Ordonnance, août 1760, tit. XXII, ch. I.

suivait à la fois le droit de justice sur les suicidés et le droit aux biens confisqués; parfois elle ne pouvait emporter les deux à la fois. Je n'ai pas besoin d'ajouter qu'elle renonçait alors à son privilège de juridiction et qu'elle se contentait de revendiquer le produit des confiscations.

C'est ainsi qu'à Abbeville[1] une contestation s'étant élevée, à propos d'un riche suicidé, entre les officiers royaux et les échevins d'Abbeville, qui, en leur qualité de grands justiciers, prétendaient être compétents, le roi trancha la difficulté en s'appropriant les biens et en abandonnant le cadavre aux échevins. Une charte originale, conservée à la préfecture de la Somme, nous a gardé le souvenir de cette querelle.

Avec les communes, le roi terminait le différend par un compromis de ce genre; avec les vassaux, il imposait sa volonté de vainqueur; avec l'Eglise, il fallait plus de réserve et plus de temps; ce n'est guère qu'à la veille de la Révolution que le pouvoir séculier avait acquis la toute-puissance de juridiction en ces matières.

1. Bourquelot, *Mort volontaire.* (Bibliothèque de l'École des chartes.)

En 1635, en effet, la justice séculière ayant fait un procès au cadavre d'un prêtre suicidé, avait ordonné qu'il serait privé de sépulture et ses biens confisqués. Mais appel fut interjeté de ce jugement, qui fut cassé par arrêt de la grand'chambre de la Tournelle, en date du 15 avril 1635[1].

Plus tard, un docteur de Sorbonne s'étant suicidé, la justice séculière resta saisie de son procès, sans qu'aucun juge d'Église fût appelé à y siéger. Il fut décidé que l'Église, ne pouvant prononcer que des peines canoniques, inefficaces contre un cadavre, elle devait être incompétente à le juger. C'était là, à la veille de 1789, la jurisprudence des Parlements de Paris et de Dijon.

Les tentatives de suicide étaient aussi punies sévèrement. En principe, celui qui avait voulu se donner la mort encourait la confiscation de ses biens. C'est ainsi que nous trouvons dans les *olim* du Parlement de Paris, des « lettres de rémission » qui permettaient au coupable de se soustraire à la peine qui le frappait[2].

1. *Questions notables du Droit décidées par divers arrêts du Parlement de Tholose*, par feu maistre Simon d'Olive, sieur du Mesnil. Toulouse, 1682.

2. *Litter. remissionis an.* 1394 *in reg.* 146, *chartoph. reg.*,

Cette peine n'était, d'ailleurs, pas toujours pécuniaire; c'est ainsi qu'à Metz un compagnon s'étant pendu par amour, et ayant été secouru à temps, la justice le fit saisir, et « à force de verges tout nud très bien chastoyer ».

Mais le suicide était-il puni dans tous les cas? Échappait-il à la répression quand il avait eu lieu sous l'empire de la folie, quand certaines causes privilégiées l'avaient suscité?

Ici encore il y avait des divergences notables entre les divers pays et les diverses juridictions.

Nous avons vu que l'Église excusait les suicidés qui n'avaient obéi qu'à la folie; elle faisait grâce aux fous qu'elle supposait avoir agi sous l'influence du démon.

ch. CXXIX; *Litter. remissionis an.* 1384 *in reg.* 15, *chartoph. reg.*, ch. CXX. — Ces lettres ordonnaient quelquefois d'enfermer les titulaires dans l'abbaye de Saint-Sever, où l'on emprisonnait les possédés du démon. — (*Arrêts et singulières questions de Droit jugées par le Parlement de Tholose,* par Maynard, liv. VIII, ch. LXXXV) : Un homme s'étant suicidé sans que la menace d'une condamnation ou le soupçon d'un crime l'eussent amené à attenter à ses jours avait été condamné à être pendu, ses biens avaient été confisqués. Un de ses fils interjeta appel devant la Cour de Toulouse, et, grâce à l'intervention du président Dufaur de Pibrac, obtint que le jugement fût cassé. (Arrêt du 24 janvier 1582.)

Cet arrêt a une grande importance, car il semble que ce

Cette excuse du suicide, admise par l'Église, ne l'était pas partout en France; c'est ainsi que Damboudère peut s'étonner que la justice séculière soit plus sévère que l'Église et ne pardonne même pas à la démence ou à la folie!

Cependant, généralement, on admettait ce cas d'excuse, et le bras séculier s'arrêtait devant un fou. La constitution de Charles V (1551) allait même plus loin, et elle reproduisait les distinctions du Droit romain.

Toute personne qui se tuait pour échapper à une condamnation future ou prononcée devait être punie « en son corps et ses biens » : si elle se tuait par fureur, folie, maladie grave ou ennui de la vie, elle n'encourait aucun châtiment « sans qu'on puisse

soit le point de départ de la doctrine nouvelle qui tendait à adopter les distinctions du Droit romain, et qu'adopta ensuite la Cour de Toulouse. Maynard dit, en effet, que l'enfant paraissait « n'avoir aucun droit », et que, en sa faveur, le président Pibrac invoqua le Droit romain. (V. Charondas, *Resp.*, liv. VII, ch. cxv.)

Maynard ajoute que la jurisprudence de la Cour de Toulouse tendait à n'appliquer point la peine de la confiscation aux originaires de pays où cette confiscation n'était point légale, de l'Anjou, par exemple. Il ajoute, toutefois, que la jurisprudence variait, comme d'ailleurs celle du Parlement de Paris.

alléguer aucun usage ni coutume contraires. »

Toute la France du Midi, le Parlement de Toulouse en tête[1], et c'est là un de ses nombreux titres de gloire, avait adopté cette distinction, et n'appliquait les peines qu'à ceux qui voulaient par la mort se soustraire à un châtiment mérité[2].

Le Parlement de Paris avait fini par admettre lui-même cette distinction, et un arrêt du 7 décembre 1634, rendu par la grand'chambre de la Tournelle, décide que les biens d'une femme qui s'était suicidée par désespoir ne seront pas confisqués. L'Église en jugeait autrement, et s'emparait du corps pour le priver de sépulture.

La procédure suivie était la même à peu près partout.

Un procès était, à la requête du procureur juridictionnel du lieu, intenté au défunt, représenté par son cadavre.

Les procès à un cadavre n'étaient possibles que dans trois cas; les cas de lèse-majesté (divine ou humaine), de rébellion à la justice à force ouverte, et de suicide[3].

1. V. Bretonnier, *Observations sur Henrys.*
2. *Questions notables*, pp. 207 et 208.
3 Ordonnance de 1760, art. 1er, tit. XXII.

Le suicide constaté, avec rapports de médecins ou d'experts à l'appui, le juge, saisi par le procureur, nommait un curateur au mort.

Ce curateur pouvait être pris par le juge où il voulait; de préférence, cependant, il devait nommer un parent, qui prendrait plus à cœur l'intérêt du défunt.

Quand le cadavre pouvait, sans crainte de décomposition, être conservé, il était conservé et traîné sur la claie ou puni du genre de supplices en usage dans le pays, sinon on l'exécutait en effigie; d'autres fois, on l'exhumait ou on l'embaumait.

C'était contre le curateur qu'était dirigé le procès, c'était lui qui subissait les interrogatoires pour le défunt, c'était lui que l'on confrontait avec les témoins.

C'était lui aussi qui préparait les cas d'excuse ou les déclarations d'incompétence.

Lorsque le défunt était clerc, le droit de demander l'incompétence appartenait aussi au conseiller clerc des enquêtes, à qui devait être communiqué le procès[1] à l'origine. Nous avons vu plus haut que cette communication n'avait plus lieu lors de l'ordonnance de 1760. L'instruction du procès terminée,

1. *Questions notables.*

le jugement était rendu pour ou contre la mémoire du défunt.

Le curateur avait le droit, primitivement, de faire ou de ne point faire appel; on admit, plus tard, que les parents du défunt pourraient l'y forcer en avançant les frais de l'appel; en 1737 et en 1749 intervinrent, enfin, deux arrêts qui décidèrent que les condamnations ne seraient exécutoires qu'après confirmation en appel [1], et, en 1770, cette jurisprudence devint officiellement celle du Parlement de Paris, qui ordonna de lire, publier et enregistrer dans tous les bailliages un arrêt [2] qui contenait l'exposé de cette doctrine.

Maintenant que nous avons exposé les principes généraux qui régirent le suicide pendant cette période de notre histoire, nous allons examiner quelle fut la doctrine des auteurs, quelles prescriptions édictèrent les divers coutumiers; puis nous rechercherons quelle fut la marche que suivit l'humanité pour arriver de la répression barbare de toute mort

1. Arrêts des 2 décembre 1737 et 31 janvier 1749.
2. Arrêt du 27 mars 1770.

volontaire, de l'assimilation du suicidé au meurtrier et à l'assassin, à l'avènement de la liberté humaine avec la révolution de 1789.

Nous allons successivement parcourir les coutumiers généraux et les coutumiers locaux. Dans les uns et dans les autres nous trouverons bien peu de textes. L'assimilation entre l'homicide d'autrui et l'homicide de soi-même, que nous avons rencontrée dans le Droit canon (Concil. Braca, I, c. XVI, etc.), se retrouve ici presque partout, et nous aurons, par la suite, quelque intérêt à parcourir les textes qui s'appliquent à l'homicide dans les divers recueils de coutumes.

Les *Assises de Jérusalem* ne font aucune mention du suicide; les *Etablissements de saint Louis* (1271), au contraire, lui consacrent un chapitre, le chapitre LXXXVIII, intitulé : « De hons qui se pend ou se noye et de fame qui s'occist en aucune manière ». La confiscation des biens du suicidé y apparaît, et nulle distinction n'est faite entre les divers mobiles qui ont pu amener le suicide.

« Se il advenoit que aucuns hons se pendist, se noyast ou s'occist en aucune maniere, si muëbles seroient au Baron; et aussi de la fame. » La constitution de Charles V contient un texte conforme au précédent.

Quant aux coutumiers locaux, presque tous sont muets; on ne trouve aucune trace du suicide dans les coutumiers d'Amiens, Arras, Boulenois, Calais, Bappalme, Saint-Pol, Hesdin, du comté de Ponthieu, de Pernes, Buissy, Villers, Jemmapes, Saulty, Saint-Vaast, Hamblain, Berneville, Bailleul, Mons-en-Puelle, de tout l'Artois, de Verdun, de Laon, Bourbourg, Bruges, Hondschoote, Ostende, Ypres, Gand, Bailleul, Courtray, Termonde, Bruxelles, du Hainaut, du pays de Waës, du Vermandois, de Verdun, de Châlons, de Reims, Saint-Quentin, Coucy, Lyon, du Poitou, de l'Angoumois, de la Saintonge, de la Rochelle, Saint-Sever, Toulouse, de l'Auvergne, du Béarn. Les coutumes du Perche, Nogent-le-Rotrou, Mortagne, Bellesme, Châteauneuf, du Berry, du Bourbonnais, de Montargis, d'Orléans, Chartres, Dreux, Issoudun, du Nivernais, du Bassigny, du duché de Bourgogne, de Lorraine, de Blois, de Dourdan, d'Etampes, de Paris (1580) sont muettes aussi. On pourrait, à cette longue liste, ajouter bien des noms.

Dans la coutume du bailliage de Touraine, nous

trouvons un texte : « Le corps de celuy qui se fait mourir à son escient doit estre traisné et pendu s'il est homme; et femme doit estre enfouye, déclaration premièrement faite qu'il s'est fait mourir à son escient[1]. »

Le texte ne parle point de confiscation de biens. Et, en effet, en Touraine, cette confiscation n'avait point lieu. C'est, d'ailleurs, ce qui résulte d'un texte formel : « Qui confisque le corps ne confisque les biens, fors en cas de leze-majesté divine ou humaine et de faulse monnoye. » Et une note ajoute : « *Etiam* quand la personne se tueroit et forferoit à soy-mesme[2]. »

La coutume du Loudenois renferme un texte aussi formel[3], qui est, du reste, la copie de celui-ci.

A Montreuil-sur-Mer, les biens meubles seulement étaient confisqués :

« La coustume de la prévoté de Monstrœul est telle que si aucun commet homicide en personne de luy ou d'autruy, pourquoi son corps doit estre con-

1. Ancienne coutume, ch. XXXVI, art. 8, et Nouv. cout., art. 378.

2. *Arrest*, Robert, lib. I, cap. XII, et *Nouveau coutumier général*, de B. de Richebourg. Paris, Brunel, 1754.

3. Ch. XXXIX, art. 8.

damné d'estre mis au gibet ou à la fourche; l'homicide de luy ou d'autruy confisque envers le seigneur qui doit avoir la justice dudit corps, son dit corps et tous ses biens meubles, et tout ce qui tient condition des meubles, et ses héritages envers les hauts justiciers desquels ils sont tenus [1]. »

La coutume de la Châtellenie de Furne nous montre la procédure suivie en matière de suicide :

« Toutes visites de cadavres sont faites en présence du bailly et gens de la loy, du krik-houder, et du greffier criminel, dont ledit greffier est tenu de tenir des nottes exactes dans le registre destiné pour cela. Bien entendu que, dans les homicides, il est seulement requis deux eschevins et un chirurgien, où il en seroit besoin, outre les susdites personnes; et pour les personnes désespérées, cinq eschevins et gens de loy, les parents du mort estant appelez, au cas qu'ils puissent estre trouvez, afin de par eux faire la preuve du contraire, s'il leur semble bon [2]; et ensuite estre jugé à pendre à une fourche, ou autrement, selon les circonstances du cas. »

1. Coutume de Montreuil-sur-Mer, art. 93.

2. *Coutume de la chastellenie de Furne*, Burdit de Richebourg, t. II.

Les parents étaient admis à prouver que le défunt ne s'était pas suicidé; ils évitaient ainsi le supplice de la fourche et la confiscation prononcée, en vertu de cet axiome, que nous retrouverons souvent : « Qui confisque le corps confisque les biens[1]. »

A Cassel, même législation : « Si quelqu'un se tuoit par désespoir, il seroit traisné par le col, et il seroit justicié ou pendu à une fourche et ses biens confisquez; mais si le désespoir estoit douteux, comme d'estre noyé ou autrement, on en informeroit dans le voisinage, et de ceux qui en pourroient déposer au plus juste[2]. »

La coutume de Bretagne ordonne aussi la pendaison du cadavre et la confiscation des biens meubles[3] : « Se aucun se tue à son escient, il doit estre pendu et traisné comme meurtrier, et sont ses biens meubles acquis à qui il appartient. »

D'Argentré dit, dans un savant commentaire sur cet article, que les peines qu'il prononce ne peuvent être évitées qu'au cas où le suicidé était fou ou

1. Paris, Nouv. cout. art. 183.
2. Cout. de Cassel, art. 200.
3. Cout. de Bretagne. Anc. Cout., art. 586, et Nouv. Cout., art. 531.

n'avait point de volonté [1]; en toutes autres circonstances, le texte s'applique.

Même assimilation du meurtrier et du suicidé dans la coutume d'Aire.

L'article 10 de cette coutume prononce la confiscation contre tous les meurtriers, et l'article 11 ajoute : « Font pareillement lesdits mayeurs et eschevins, au nombre de chinq comme dessus, à la conjure dudit chastelain, tous escauvages de ceux ou celles qui se désespèrent de leurs personnes en ladite ville et banlieue; aussi de ceux qui sont trouvez morts ès rivières courantes, si avant que ladite ville et banlieue s'extend, et non plus [2]. »

La coutume de la ville de Bordeaux consacre un chapitre aux suicidés « cum totz homs qui s'despera pert sa franquessa. »

Il y est dit, au sujet de ceux qui se tuent : « Nulha franquessa de terra no los vau, auts pert lo cors et los bens aissy [3]. »

A Lille, la coutume ne parle qu'incidemment des suicidés. Il y est dit, en parlant des droits de haute

1. D'Argentré, *Commentaire sur la coutume du duché de Bretagne*, tit. XXIV.
2. Cout. de la ville d'Aire, art. 10 et 11.
3. Cout. de Bordeaux, § 41.

justice[1] : « Aux dits hauts justiciers compète et appartient de par leur justice faire visiter et lever corps morts, desesperez ou noyez, ou occis sur le camp, et à nulz autres, à péril de commettre abus...»

Mais on possède une ordonnance « de tous homicides » rendue par la municipalité de Lille, vers la fin du treizième siècle, et qui est conservée manuscrite aux archives du Nord. Nous en extrayons ici les passages relatifs au suicide :

§ 18. « Loix est en cheste ville que si hom se pent ou noye ou oschist, que l'on doit faire de luy justiche entretelle que s'il fust prouvez mourdrères d'autrui, chou est que on le doit traisner jusques ès fourques et puis pendre. »

§ 19. « Et se chou est femme qui pendue ou noie ou occise se soit, lors est en cheste ville que on fache de li tout entretel justiche comme si elle fust prouvée mourdresse d'autrui, chou est d'ardoir dessus les fourques. »

§ 20. « Et si li sire trueve tel fet si comme de

1. V. Boisin, *Franchises, lois et coutumes de la ville de Lille ;* voir aussi Bourquelot, *Mort volontaire.* (Bibliothèque de l'École des chartes, p. 457.)

homme ou de femme qui, ainsi que dit est, se soit mis à mort et mal mis, remuer ne le doit d'ensi qu'il le trueve, trechi adont qu'il l'aura mounstret à esquevins, et esquevin aront veut comment ne en quel point li mors sera treuvés, car chou qu'esquevins le treuveront et verront en tel point est li prueve au seigneur, car qui tel fet vint faire et tel desperanche, ne se le fait il mie volontiers en appiert. »

§ 21. « Et se tens fait est trouvés en homme, apriès chou qu'esquevins l'auront veut, et apriès esquevins semons et conjurés li jeugement doit y estre teus : « Volés entendre a esquevins selon chou « que vous nos mounstrastes, sire bailli, ou vous, « sire prevost, ou vous, sire castelains (se li caste- « lains en semonoit) et selon chou que nous vis- « mes et que nous treuvasmes chelui (si le nommera « ou par nom et par surnom) nous vos disons que « vous de cheluy (si le nommera) facies justiche, « comme de mourdreur de lui-meismes. Quel? dira « li sires. Chou est de traisner jusques à fourques « et puis pendre. »

§ 22. Mêmes dispositions pour la femme...

« Quelle? Chest que faciès emmener jusques à fourques et puis les faciès la ardoir. »

Presque tous ces textes assimilent, comme nous l'avons déjà dit, le meurtre de soi-même au meurtre d'autrui. Il n'est donc pas sans intérêt de rechercher quelles peines étaient édictées contre les homicides et notamment dans quels cas la confiscation des biens frappait le condamné.

Le principe, en cette matière, était celui que posait l'article 183 de la coutume de Paris (déjà cité) : « Qui confisque le corps confisque les biens. »

Ce principe qui, pour tout crime entraînant peine capitale ou bannissement, confisquait les biens du condamné au profit de son seigneur, ne souffrait d'exception que pour le cas de lèse-majesté divine ou humaine et de fausse monnaie[1] ; la confiscation avait lieu alors au profit du roi. Et encore l'Eglise avait-elle longtemps protesté contre cette doctrine, s'arrogeant la confiscation pour le cas de lèse-majesté divine ; ce ne fut que très tard que la royauté accapara la double prérogative.

Telle était la coutume dans presque toute la France : tout le Nord, l'île de France, l'Orléanais, Toulouse et le ressort de son Parlement admettaient la confiscation des biens de l'homicide au profit du

1. Cout. de Solesmes, ch. II, art. 2.

seigneur haut justicier dans tous les cas, sauf celui de lèse-majesté.

Mais cette doctrine n'était pas universellement reconnue, et certains pays se refusaient à prononcer une confiscation totale ou même toute sorte de confiscation.

A Sens, d'après Dumoulin, « les propres venus des majeurs ne sont point confisqués, mais demeurent à ceux de la ligne », en vertu, d'après le jurisconsulte, des ordonnances de Charlemagne, qui sont appliquées, dit-il, en France, en Saxe et en Hongrie.

Burdat de Richebourg soutient que c'est là une erreur commise par Dumoulin[1]. Il est probable que c'était un usage local que la puissance royale fit tomber en désuétude. Il en fut ainsi d'une demande du tiers état, dont parle le même Dumoulin[2] : « La réquisition du tiers état de la moitié ou d'un tiers pour les enfants ($^{1}/_{3}$ pour quatre enfants et au-dessous, le $^{1}/_{2}$ pour plus de quatre enfants) eût été accordée, si ceux d'Eglise y eussent adhéré, qui faisaient une partie de hauts justiciers ; mais leur

1. B. de Richebourg, *Nouveau Coutumier*. Paris, 1754, t. IV, p. 5:7.
2. *Idem*, t. III, p. 153.

avarice fut plus grande que la charité et l'utilité publique. »

Dans certains pays, la confiscation ne portait que sur les biens meubles; nous en avons déjà vu un exemple dans la coutume de Montreuil-sur-Mer[1]. A Bergerac, il en était de même dans certains cas : lorsque le défunt laissait un fils, une fille, un frère ou une sœur, les immeubles leur étaient dévolus, sauf cependant le cas de lèse-majesté, où le roi confisquait tout[2] :

A Bayonne, au contraire, c'étaient les immeubles seuls qui étaient confisqués, et encore ne l'étaient-ils quelquefois que temporairement[3].

« Par la coustume de la ville de Bayonne, pour quelque crime que ce soit, les biens du délinquant ne sont confisqués au Roy que pour un an, les immeubles seulement, et après an fini, retourneront aux héritiers du délinquant. Excepté en crime de lèse-majesté, auquel cas jamais les biens ne retourneraient aux héritiers, mais confisqués à perpétuité. »

1. Voir p. 96. — Une ordonnance de Charles V, en date de juin 1373, dit, pour le suicide d'une femme, qu'il n'y a pas de confiscation.

2. Cout. de Bergerac, art. 132.

3. Cout. de Bayonne, tit. XXIX, art. 1, 2.

Enfin, dans certaines provinces, et dans presque toutes les villes qui jouissaient de franchises, la confiscation n'avait pas lieu, ou, si elle avait lieu, n'avait lieu qu'au profit du roi (comme à Bayonne, d'ailleurs, et pour les crimes de lèse-majesté).

A Saint-Sever, le cas de lèse-majesté excepté, « pas de confiscation, ni au Roy, ni au seigneur, pour crimes[1] ».

Nous avons déjà vu qu'il en était de même en Touraine et dans le Loudenois[2], sauf le cas de fabrication de fausse monnaie.

Dans l'Anjou, la confiscation n'existait pas non plus; cela résulte, à défaut d'un texte spécial, d'un passage des arrêts de Maynard.

Maynard parle d'un procès fait au cadavre d'un Angevin qui se suicida à Paris. Ses biens avaient été confisqués, selon la coutume de Paris; mais ses parents ayant fait appel, en se basant sur ce qu'en Anjou la confiscation n'existait qu'au cas de lèse-majesté, on admit cette doctrine, et un arrêt du 13 février 1588 déclara que la confiscation n'aurait point lieu.

1. Cout. de la prévôté de Saint-Sever, tit. XXIX, art. 1.
2. Cout. de Touraine (Nouv. Cout.), art. 378; Cout. du Loudenois, ch. XXXIX, art. 8.

Cette citation démontre clairement que la coutume en Anjou était conforme à celle de la Touraine, du Loudenois, etc., etc.

Même coutume dans le duché de Berry :

« Les pays et duché de Berry, par l'ancienne et invétérée coustume d'iceluy, en quelque crime que ce soit, commis et perpétré par les manans et habitans audit pays ou aucuns d'eux, confiscation des biens estant audit pays n'a lieu[1]. Toutefois, en crime de lèze-majesté humaine au premier chef[2], ladite confiscation a et doit avoir lieu[3]. »

« ..... Les amendes et confiscations appartiennent au Roy seul[4]. »

Toutes les villes franches du Berry avaient des coutumes analogues; nous en retrouvons la trace pour Château-Meillan, Preuilly, Chanost, Saint-Germain-des-Bois, Verdun, Boussac, etc., etc.

La coutume de Bourges était plus exclusive encore, et n'admettait aucune confiscation.

1. Nouvelle Cout. du Berry (1539), tit. II, art. 1er.

2. Conspiration contre la personne ou le royaume du prince.

3. Nouv. Cout. du Berry, tit. II, art. 2. — Cet article a été ajouté dans la nouvelle rédaction (1539). (Note de Dumoulin.)

4. Nouv. Cout. du Berry, tit. II, art. 5.

« Que les biens des manans et habitans de ladite ville et septaine de Bourges ne d'aucun d'eulx, soient meubles ou immeubles, ne choients point en confiscation, et ne peuvent estre confisquez par quelzconques delitz ou forfaicture, ou cas de crime que ce soit, de lèze-majesté, ou hérésie, ou autres quelzconques commis et perpétrés par iceulx manans et habitans ou par aulcun d'eulx, tant par le privilège desditz bourgeois, que selon raison, et par la coustume, usauge et coustume et commune observance notoirement tenuz et gardez es dictes ville et septaine de Bourges, de ancienneté et de telz et si longtemps qu'il n'est memoire du contraire[1]. »

« Et item lesditz biens de tels délinquans... viennent à leurs successeurs, ex testamento vel ab intestato, en droite ligne ou collatérale, tout ainsi que s'ils n'avoient point commiz ni perpetrez lesdicts crimes et delitz[2]. »

Les coutumes d'Issoudun[3], de Mehun-sur-Yèvre[4], renferment des dispositions conformes.

A Lille, la confiscation n'était pas encourue par

1. Cout. de Bourges, rub. II, art. 10, 11.
2. Cout. de Bourges, rub. II, art. 12.
3. Cout. d'Issoudun, tit. II, art. 6, 7, 8.
4. Cout. de Mehun, rub. II, art. 7.

les suicidés. C'est ce qui ressort, non de la coutume écrite, qui est muette sur ce point[1], mais d'une ordonnance de Charles VI rendue en 1392 ; en voici le texte : « Que selon l'usage ou la coustume dessus alléguié, nulz pour nulz cas criminel ou autre, ne peut forfaire le sien avec le corps, posé encore que par désespérance il se noiast ou pendist, qui sont les plus énormes et villains cas qui puissent estre, si ne doivent estre si biens confisqués aux seigneurs, mais remainent et doivent demourer leurs biens à leurs femmes et enfants, ou à leurs droitz hoirs, soient les corps des malfaiteurs justiciés ou non justiciés ; et cil qui exercent les offices de justice en ladicte ville maintenant s'efforcent et plusieurs foiz se sont efforcié de prendre et appliquer les biens au Roy no. s. des personnes qui se sont ainsi forfaict et justice, comme dit est, en venant contre lesdites anciennes coustumes[2]. »

Telle était la législation dans les pays de coutûmes, variant, comme on l'a vu, avec les diverses provinces et leurs usages particuliers.

Dans les pays où le Droit écrit avait conservé son antique influence, les distinctions que le Droit

1. V. ci-dessus, p. 89.
2. *Ordonnances des rois de France*, t. VII, p. 544.

romain faisait en la matière avaient été maintenues, et nous trouvons, dans les recueils d'arrêts qui nous sont parvenus, de nombreuses traces de cette jurisprudence[1].

Les juristes, les commentateurs des coutumes avaient, d'ailleurs, adopté de bonne heure cette distinction, déplorant parfois que la pratique ne fût point toujours ou le plus souvent conforme à leur théorie.

Nous allons passer en revue quelques-uns des ouvrages des jurisconsultes et voir quelle fut leur opinion sur le suicide et les pénalités.

On trouve peu de chose dans la *Coutume de Beauvoisis* de Beaumanoir; on y lit, page 14, chapitre xxx : « Encore sont il dui cas de crieme; le premier cas est d'autrui empoisonner, et li secons d'estre omicides de li-mesmes, si comme de celi qui se tue à escient[2]. »

La *Somme rurale* de Bouteiller consacre un titre entier, le titre XXXIX, à « ceux qui se désespèrent[3]. »

1. Quand le suicide était regardé comme punissable, les biens étaient toujours confisqués.

2. Edit. de Th. de la Thaumassière, 1690, p. 149.

3. Paris, Macé, 1611, pp. 273, 274.

« Si te veux monstrer », y lisons-nous, « ce que la loy escrite en dit, et sur ce peux et dois sçavoir que par deux manières se peuvent l'homme et la femme mettre en désespoir.

« La première manière si est par la maladie et forsennerie ou par aucune autre malicieuse voye, que par la perte de sa femme, ses enfans ou ses biens luy viennent soudainement : et schachez que de ces deux manières quiconque chet en désespoir, combien qu'il perde la vie, il ne doit pas perdre le sien ne le corps...

« Le corps doit estre levé et enterré par le conseil de l'Eglise. Et il n'y a aucune confiscation de biens pour le seigneur, qu'ils ne puissent retourner au droit hoir, et ce, selon loy escrite.

« Mais s'il advenoit que aucun fut soupçonné ou prins ou accusé pour aucun cas dont il eust en péril de perdre corps et avoir, ou diffame irrecupérable, et pendant la cause il se tournast en désespoir, dont il se mit à mort par quelque voye que ce fust, schachez que par la loy escrite il doit estre mené et accomply à justice. » Ses biens, devant cet aveu tacite, seront confisqués.

Telle est la théorie; telle devrait, d'après l'auteur, être la pratique. Mais Bouteiller est obligé d'ajouter : « Item schachez que par le juge et usage de cour laye, il en est fait et usé plus estroitement ; car puisque l'homme se met à mort par désespoir, les juges lais le calengent d'avoir tout forfaict au seigneur, et meinent le corps à justice, comme convaincu et condamné. »

Bouteiller cite l'exemple d'une femme de Tournay qui se tua dans la prison où elle était détenue sous la prévention de vol : « Si fut conseillé que puisquelle avoit fait homicide de son corps, qu'elle devoit estre arse, et ainsi fut faict par le conseil des paris. »

Dans le livre II, Bouteiller s'occupe de ceux qui ont tenté de se suicider, et dit que leur repentir les empêche d'être condamnés à mort.

« Se c'estoit en voulenté de désespoir de luy mesmes non accomplye, mais s'en repentist l'homme, schachez que se chet en confession et en contrition de conseil espirituel et en penitence espirituelle. »

Aux quatorzième et quinzième siècles, les philosophes, les théologiens se prononcent contre le suicide[1] : le poète Villon ne se tua point, par la crainte de Dieu[2].

1. Pélage, *de Planctu ecclesiæ Alvari Pelagii hispani*. Venet, 1560. — Artésan, *Artesani summa de casibus conscientiæ*. Venet, 1478.

2. Villon, *Grand testament*, VIII, 44.

Le seizième siècle, épris de l'antiquité, remit en honneur le suicide. On en eut d'illustres exemples, parmi lesquels celui de Strozzi (1538), se tuant pour ne pas être exposé à révéler, dans les tortures, les secrets de ses amis, est resté célèbre.

Jean Duret[1] reproduit et adopte les distinctions du Droit romain; Damboudère[2], énumérant les diverses peines qui frappent les suicidés, regrette que la justice civile n'ait pas suivi la doctrine romaine, et qu'elle se montre même plus sévère que l'Eglise ne l'est pour les honneurs funèbres.

Duvergier de Hauranne, le futur abbé de Saint-Cyran, chef des Jansénistes, publia, dans sa jeunesse, un opuscule destiné à justifier en certains cas ceux qui couraient volontairement au-devant de la mort[3]. Ses ennemis rééditèrent plus tard cet ouvrage contre lui.

En Angleterre, terre classique du spleen et du suicide, parurent divers ouvrages en faveur du suicide.

1. *Traité des peines et amendes tant pour matières criminelles que civiles.*

2. *Praxis rerum criminalium.* Anvers, 1646.

3. Paris, 1609, *Question royale où est montré en quelle extrémité, principalement en temps de paix, le sujet pourrait être obligé de conserver la vie des princes aux dépens de la sienne.*

Thomas Morus, chancelier, autorise la mort volontaire, à la condition de faire au préalable approuver par les prêtres ou les magistrats les motifs du suicide. Au cas où cette approbation n'est pas obtenue, le cadavre est jeté dans un bourbier, sans pompes funéraires[1].

Jean Donne (1573) écrivait aussi une légitimation du suicide; elle fut imprimée seulement après sa mort. Le titre en est : « Suicide ou démonstration de cette thèse : L'homicide de soi-même n'est pas si naturellement un péché qu'il ne puisse être considéré autrement[2]. »

En Allemagne, plusieurs docteurs se prononcèrent pour la légitimité du suicide; parmi eux, Henri et Samuel de Cocceius[3], Thomas Creeth, traducteur de Lucrèce, qui inscrivit, en tête de son manuscrit, qu'il devrait se tuer après avoir fini, et qui se tua en effet[4], sont bien connus. Puffendorf[5], après

1. *Utopie*, 1563.

2. J. Donne, Βιαθανατος, London, 1700. — J. Donne, qui fut plus tard doyen de Saint-Paul, s'efforce de prouver que la mort volontaire n'est pas contraire aux prescriptions de la Bible; il cite en exemple Jésus-Christ, qui mourut volontairement.

3. *De αυτοχειρια martyrum.*

4. Voltaire, *Lett. philosoph.*, lett. XXXVII.

5. *Droit de la nature et des gens.*

avoir énuméré les arguments pour et contre, ne se prononce pas. Les *Acta eruditorum*[1] citent les noms des partisans du suicide en Allemagne.

En Suède, Jean Robeck passa sa vie à écrire sur la mort volontaire; il se prononça hautement en faveur du suicide, et, quand il eut terminé son œuvre, il se noya dans la mer. Le professeur Funccius, son ami, à qui il avait envoyé sept manuscrits différents de son livre, le fit imprimer en 1736[2].

En France, parmi ceux qui plaidèrent hautement la cause du suicide, le plus illustre fut, sans contredit, Montaigne[3].

Voici les principaux passages ayant trait à la question : « C'est ce qu'on dict, que le sage vit tant qu'il doibt, non pas tant qu'il peult; et que le présent que la nature nous ayt faict le plus favorable, et qui nous oste tout moyen de nous plaindre de nostre sort, c'est de nous avoir laissé la clef des champs. Elle n'a ordonné qu'une entrée à la vie, et cent mille yssues. Nous pouvons avoir faulte de

1. Leipzig, 1701.

2. *Joannes Robeck exercitatio philosophica de* ευλογῳ εξαγογε, *sive de voluntaria morte philosophorum et bonorum virorum, etiam Judæorum et Christianorum.*

3. *Essais*, liv. I, ch. XIX, XXXVI; liv. II, ch. III, XI.

terre pour y vivre, mais de terre pour y mourir nous n'en pouvons avoir faulte... Pourquoi te plains-tu de ce monde? Il ne te tient pas si tu te dis en peine, ta lascheté en est cause. A mourir il ne reste que le vouloir.

« ... Et ce n'est pas la recepte à une seule maladie, la mort est la recepte à touts maulx; c'est un port très asseuré qui n'est jamais à craindre et toujours à rechercher. Tout revient à un, que l'homme se donne sa fin, ou qu'il la souffre; qu'il courre au devant de son jour, ou qu'il l'attende; d'où qu'il vienne, c'est toujours le sien : en quelque lieu que le filet se rompe, il y est tout, c'est le bout de la fusée. La plus volontaire mort, c'est la plus belle. La vie despend de la volonté d'aultruy, la mort de la nostre. En auculne chose nous ne debvrons tant nous accomoder à nos humeurs qu'en celle-là...

« ... Le commun train de la guarison se conduict aux despens de la vie; on nous incise, on nous cautérise, on nous destrenche les membres, on nous soubstraict l'aliment et le sang ; un pas plus aultre, nous voilà guaris tout à faict... Aux plus fortes maladies les plus forts remèdes. »

Puis, après avoir exposé cette doctrine, la sienne, il ajoute : «Mais cecy ne s'en va pas sans contraste», et il examine l'opinion de ceux qui prohibent le suicide. Parmi les raisons qu'invoquent ses contradicteurs, il cite celle-ci : « C'est le reste de la couardise, non de la vertu, de s'aller tapir dans un creux, soubs une tombe massive, pour éviter les coups de la fortune. » Cette phrase, qui n'est là que comme l'interprétation d'une opinion contraire à celle de Montaigne, avait fait croire à M. Legoyt[1] que Montaigne avait varié dans son opinion sur le suicide. Il suffit de lire le texte pour voir que là Legoyt a été victime d'une erreur. Montaigne est et restera un des plus ardents défenseurs du droit de l'homme à quitter la vie, quand des raisons majeures l'y entraînent : « La douleur ou une pire mort me semblent, ajoute-t-il, les plus excusables incitations. »

Le protestantisme se prononça formellement contre la légitimité du suicide. Luther et Calvin prêchaient la soumission aux volontés de Dieu ; Théodore de Bèze attribuait au démon l'envie qu'il eut un jour de se suicider[2].

1. Legoyt, *Suicide ancien et moderne*. Paris, 1881.

2. « Il est remarquable que les persécutions contre les calvinistes, qui suivirent la révocation de l'édit de Nantes, et notamment la guerre d'extermination dont ils furent

Avant de nous occuper du dix-huitième siècle, qui prépara l'abolition de toutes les peines contre le suicide, examinons ici l'importante ordonnance d'août 1670, qui fut le véritable Code Pénal du dix-septième siècle.

Un titre entier est consacré au suicide et règle la procédure à suivre dans les procès faits au cadavre.

Et d'abord, un texte règle la constatation du suicide : « Les juges dresseront sur-le-champ, et sans déplacer, procès-verbal de l'état auquel seront trouvées les personnes blessées ou le corps mort, ensemble du lieu où le délit aura été commis, et de tout ce qui peut servir pour la décharge ou conviction[1]. »

Le titre XXXII s'occupe « de la manière de faire le procès au cadavre ou à la mémoire d'un défunt. »

« Le procès, y est-il dit, ne pourra être fait au cadavre ou à la mémoire du défunt si ce n'est pour crime de lèse-majesté divine ou humaine, dans les cas où il était de faire procès aux défunts, duel,

l'objet dans le Vivarais, le Dauphiné et le Cévennes, où ils étaient traqués comme des bêtes fauves dans les cavernes de leurs montagnes, n'amenèrent aucun cas de suicide. » (*Le Suicide,* par A. Legoyt; docteur Lisle, *Suicide.*)

1. Tit. IV, art. 1.

homicide de soi-même, où rébellion à justice avec force ouverte (art. 1). » Une note dit que, quand le suicide a été causé par la folie, ce qui d'ailleurs doit toujours être présumé, il ne saurait y avoir de condamnation : le corps est inhumé en terre sainte. (Paris, arrêt du 18 mars 1550 ; Parl. Dijon, 13 février 1567.)

« Le juge nommera d'office un curateur au cadavre du défunt, s'il est encore estant, sinon à sa mémoire ; et sera préféré le parent du défunt, s'il s'en offre quelqu'un pour en faire fonction. » (Art. 2.)

Le tribunal peut ordonner l'inhumation provisoire en terre sacrée ou profane (note).

« Le curateur saura lire et écrire, fera le serment, et le procès sera instruit contre lui en la forme ordinaire; sera néanmoins debout seulement et non sur la sellette, lors du dernier interrogatoire ; son nom sera compris dans toute la procédure, mais la condamnation sera rendue contre le cadavre ou la mémoire seulement. » (Art. 3.)

En note : les condamnations portent que le cadavre sera traîné sur une claie, face contre terre, par les rues et les carrefours du lieu où la sentence est rendue, et ensuite pendu à une potence, ou traîné à la voirie ; ses biens sont confisqués.

Quand le cadavre n'a pu être conservé, le jugement s'exécute en effigie.

Les condamnations sont rendues *ad perpetuam rei memoriam*. Les nobles et leurs descendants sont déchus de leurs titres; on coupe leurs bois, on démolit leur château, on brise leurs armoiries, ils sont déclarés roturiers[1].

« Le curateur pourra interjeter appel de la sentence rendue contre le cadavre ou la mémoire du défunt. Il pourra même y être obligé par quelqu'un des parents, lequel, en ce cas, sera tenu d'avancer les frais. » (Art. 4.)

Le Parlement de Paris rendit obligatoire, pour l'exécution du jugement, la confirmation sur appel[2].

« Nos cours pourront élire un autre curateur que celui qui aura été nommé par les juges dont est appel. » (Art. 5.)

Telle est cette ordonnance de 1670 qui apportait quelques atténuations à la répression si rigoureuse du suicide, et qui était déjà un acheminement vers la suppression de toute pénalité.

1. Procès du maréchal d'Ancre, 1617. Voir Bouchel, *Traité de just. crimin.*, p. 290.

2. Arrêt, 2 sept. 1737, aff. L. Martin; arrêt, 31 janv. 1749, publié par ordre du Parlement et affiché dans tous les bailliages du ressort.

Le dix-huitième siècle, ce grand remueur d'idées, d'idées philosophiques surtout, s'occupa du suicide avec cette ardeur dévorante qu'il mettait en toutes choses.

Les opinions furent très partagées et la lutte fut acharnée; il en sortit avec la révolution de 1789 le bouleversement complet de notre Droit, qui reposa désormais sur le principe de la liberté humaine.

Nous allons, sans entrer dans les détails de cette longue controverse, exposer ici brièvement la doctrine des principaux champions de ce grand combat.

Voyons d'abord ceux qui voulaient continuer la tradition des siècles précédents, prohibant et punissant le suicide; nous étudierons ensuite ceux qui donnent à l'homme le droit d'attenter à ses jours, et qui croient, comme Montaigne, que la vie n'a qu'une entrée, mais qu'elle a mille sorties.

Le seul défenseur des doctrines du Droit canonique qui ait exposé dans un traité volumineux ses théories fut Jean Dumas, pasteur protestant, qui publia, en 1773, un ouvrage ayant pour titre : *Traité du suicide ou du meurtre volontaire de soi-même, par J. Dumas,* dans l'intention de réfuter les arguments que Montesquieu et Rousseau venaient de produire en faveur du suicide.

En tête sont deux vers de Gresset :

Savoir souffrir la vie et voir venir la mort,
C'est le devoir du sage, et tel sera mon sort.

(Trag. d'*Edouard III.*)

Et deux de Martial :

Nolo virum, facili redimit qui sanguine famam,
Hunc volo laudari, qui sine morte potest.

(Liv. I, ép. VIII.)

L'auteur aurait pu y ajouter une citation de Malherbe, qui dit, dans les *Larmes de saint Pierre* :

Et celui qui, chétif, aux misères succombe,
Sans vouloir autre bien que le bien de la tombe,
N'ayant qu'un jour à vivre, il ne peut l'achever !

Puis, dans une introduction, il déclare qu'il se bornera « à prouver que personne n'ayant droit, dans aucun cas, d'arrêter le cours de sa vie, le sage ne doit jamais attenter à la sienne, et à détruire, en même temps, les raisons principales sur lesquelles on fonde la légitimité du suicide. »

Dans huit chapitres successifs, il s'efforce de démontrer que nul n'a le droit de disposer de sa vie, qui appartient à Dieu ; que Dieu n'a point donné, d'ailleurs, aux créatures un droit opposé à leur existence présente (ch. Ier); que les biens et les maux viennent de Dieu; que les maux ont été donnés à l'homme pour le conduire à sa grande fin, et qu'il ne doit les regarder que comme des épreuves devant fortifier sa foi. D'ailleurs, les grands maux ne durent pas longtemps; ils guérissent ou tuent; ils sont rendus supportables à l'homme par les biens qui les accompagnent (ch. II); que les instincts de la nature nous poussent à vivre (ch. III). Le suicide, du reste, n'a jamais été si fréquent ni si honoré qu'on le croit; il exige moins de force d'âme que la résignation (ch. IV)..... Les chapitres VI, VII, VIII sont consacrés à la réfutation des doctrines de Rousseau, Montesquieu, etc., etc.

A côté de ce volumineux traité, nous pouvons signaler seulement la *Dissertation sur le suicide*, par l'abbé de Launay; tous les autres traités qui préconisent cette doctrine n'ont qu'une valeur secondaire [1].

Les partisans du suicide sont, au contraire, très nombreux et se recrutent parmi les plus grands esprits du siècle.

1. Dubois de Launay, *Dissertation sur le suicide*, 1782.

Montesquieu a parlé du suicide dans l'*Esprit des Lois*, dans les *Considérations sur les causes de la grandeur et de la décadence des Romains*, et enfin dans les *Lettres persanes*. Nous allons examiner, tour à tour, ces différents ouvrages.

Dans l'*Esprit des Lois*, un chapitre[1] est consacré « aux lois contre ceux qui se tuent eux-mêmes. »

Il y est dit : « Nous ne voyons point, dans les histoires, que les Romains se fissent mourir sans sujet; mais les Anglais se tuent sans qu'on puisse imaginer aucunes raisons qui les déterminent; ils se tuent dans le sein même du bonheur. Cette action, chez les Romains, était l'effet de l'éducation : elle tenait à leur manière de penser et à leurs coutumes. Chez les Anglais, elle est l'effet d'une maladie : elle tient à l'état physique de la machine et est indépendante de toute autre cause...

« ..... Il est clair que les lois civiles de quelques pays ont eu des raisons pour flétrir l'homicide de soi-même; mais en Angleterre on ne peut pas plus le punir qu'on ne punit les effets de la démence. »

Dans les *Considérations sur les causes de la grandeur et de la décadence des Romains*, il est

1. Liv. XIV, ch. XII.

plus explicite ; il blâme les lois de l'antiquité qui prohibaient le suicide en certains cas, et ajoute : « L'amour de notre conservation se transforme en tant de manières, et agit par des principes si contraires, qu'il nous porte à sacrifier notre être pour l'amour de notre être, et tel est le cas que nous faisons de nous-mêmes, que nous consentons à cesser de vivre par un instinct qui fait que nous nous aimons plus que notre vie même. »

Dans les *Lettres persanes*, Montesquieu fait une véritable apologie du suicide ; en voici quelques extraits[1] : « Les lois sont furieuses en Europe contre ceux qui se tuent eux-mêmes. On les fait mourir, pour ainsi dire, une seconde fois ; ils sont traînés indignement par les rues, on les note d'infamie, on confisque leurs biens.

« Il me paraît, Ibben, que ces lois sont bien injustes. Quand je suis accablé de douleur, de misère, de mépris, pourquoi veut-on m'empêcher de mettre fin à mes peines et me priver cruellement d'un remède qui est de mes mains ? Pourquoi veut-on que je travaille pour une société dont je consens de

1. Lettre LXXVI, *Usbeck à son ami Ibben, à Smyrne*, 15 de la lune de Saphar, 1715.

n'être plus? Que je tienne malgré moi une convention qui s'est faite sans moi? La société est fondée sur un avantage mutuel : mais lorsqu'elle me devient onéreuse, qui m'empêche d'y renoncer? La vie m'a été donnée comme une faveur, je puis donc la rendre lorsqu'elle ne l'est plus : la cause cesse, l'effet doit cesser aussi.

« Le prince veut-il que je sois son sujet quand je ne retire rien de sa sujétion? Mes concitoyens peuvent-ils demander ce partage inique de leur utilité et de mon désespoir? Dieu, différent de tous les bienfaiteurs, veut-il me condamner à recevoir des grâces qui m'accablent? »

Et, comme on objecte qu'il trouble l'ordre de la Providence, il répond : « Lorsque mon âme sera séparée de mon corps y aura-t-il moins d'ordre et moins d'arrangement dans l'univers? Croyez-vous que cette nouvelle combinaison soit moins parfaite et moins dépendante des lois générales? que le monde y ait perdu quelque chose, et que les ouvrages de Dieu soient moins grands, ou plutôt moins immenses?

« Pensez-vous que mon corps, devenu un épi de blé, un ver, un gazon, soit changé en un ouvrage de la nature moins digne d'elle? et que mon âme, dégagée de tout ce qu'elle avait de terrestre, soit devenue moins sublime ?

« Toutes ces idées, mon cher Ibben, n'ont d'autre source que notre orgueil. Nous ne sentons point notre petitesse; et malgré qu'on en ait, nous voulons être comptés dans l'univers, y figurer, et y être un objet important. Nous nous imaginons que l'anéantissement d'un être aussi parfait que nous dégraderait toute la nature, et nous ne concevons pas qu'un homme de plus ou de moins dans le monde, que dis-je, tous les hommes ensemble, cent millions de têtes comme la nôtre, ne sont qu'un atome subtil et délié, que Dieu n'aperçoit qu'à cause de l'immensité de ses connaissances. »

Nous avons cru devoir reproduire ici cette lettre presque entière comme résumant brillamment tous les arguments en faveur du suicide.

Jean-Jacques Rousseau nous a donné, sous la même forme de lettre, une aussi éloquente plaidoirie en faveur de la même thèse[1] :

1. *Nouvelle Héloïse*, 1759, lettre XXIe de l'amant de Julie à milord Edouard. — Rousseau a développé, dans une autre lettre du même ouvrage, les arguments contraires ; en voici quelques citations : « Tu veux cesser de vivre, « mais je voudrais bien savoir si tu as commencé. Quoi ! « fusses-tu placé sur la terre pour n'y rien faire, le ciel ne

« Oui, milord, il est vrai, mon âme est oppressée du poids de la vie; depuis longtemps, elle m'est à charge : j'ai perdu tout ce qui pouvait me la rendre chère; il ne m'en reste que les ennuis. Mais on dit qu'il ne m'est pas permis d'en disposer sans l'ordre de celui qui me l'a donnée.....

« J'ai longtemps médité sur ce sujet, vous devez le savoir, car vous connaissez mon sort, et je vis encore. Plus j'y réfléchis, plus je trouve que la question se réduit à cette proposition fondamentale :

« t'impose-t-il pas avec la vie une tâche à remplir? Si tu « as fait ta journée avant le soir, repose-toi le reste du « jour, tu le peux; mais voyons ton ouvrage... »

..... « Tu t'ennuies de vivre et tu dis : « La vie est un « mal; » tôt ou tard tu seras consolé et tu diras : « La vie « est un bien. » Tu diras plus vrai, sans mieux raisonner, « car rien n'aura changé que toi. Change donc dès aujour- « d'hui, et puisque c'est dans la disposition de ton âme « qu'est tout le mal, corrige tes affections déréglées, et ne « brûle pas ta maison pour n'avoir pas la peine de la « ranger... »

« ..... Le suicide est une mort furtive et honteuse; c'est « un vol fait au genre humain. Avant de le quitter, rends- « lui ce qu'il a fait pour toi. — Mais je ne tiens à rien, je « suis inutile au monde. — Philosophe d'un jour! ignores-tu « que tu ne saurais faire un pas sur la terre sans trouver « quelque devoir à remplir, et que tout homme est utile à « l'humanité par cela seul qu'il existe?... »

« ..... Chaque fois que tu seras tenté de sortir de la vie, « dis-toi toi-même : « Que je fasse une bonne action avant

Chercher son bien et fuir son mal, en ce qui n'offense pas autrui, c'est le droit de la nature.

« Quand notre vie est un mal pour nous et n'est un mal pour personne, il est donc permis de s'en délivrer.....

« Que disent là-dessus nos sophistes ? D'abord, ils regardent la vie comme une chose qui n'est pas à nous, parce qu'elle nous a été donnée ; mais c'est précisément parce qu'elle nous a été donnée qu'elle est à nous.....

« Ils regardent l'homme vivant sur la terre comme un soldat mis en faction. Dieu, disent-ils, t'a placé dans ce monde ; pourquoi en sors-tu sans son congé ? Mais... le congé n'est-il pas dans le mal-être ?... Il faut attendre l'ordre, j'en conviens, mais, quand je meurs naturellement, Dieu ne m'ordonne pas de quitter la vie, il me l'ôte. C'est en me la rendant insupportable qu'il m'ordonne de la quitter. Dans le premier cas, je résiste de toute ma force ; dans le second, j'ai le mérite d'obéir.....

« de mourir, » puis va chercher quelque indigent à se-
« courir, quelque opprimé à défendre. Si cette consolation
« te retient aujourd'hui, elle te retiendra demain, après-
« demain, toute la vie ; si elle ne te retient pas, meurs :
« tu es un méchant ! »

« La grande erreur est de donner trop d'importance à la vie, comme si notre être en dépendait, et qu'après la mort on ne fût plus rien. Notre vie n'est rien aux yeux de Dieu ; elle ne doit rien être aux nôtres, et, quand nous laissons notre corps, nous ne faisons que déposer un vêtement incommode.....

« ..... Sans doute, il y a du courage à souffrir avec constance des maux qu'on ne peut éviter ; mais il n'y a qu'un insensé qui souffre volontairement ceux dont il peut s'exempter sans mal faire, et c'est souvent un très grand mal d'endurer un mal sans nécessité. Celui qui ne sait pas se délivrer d'une vie douloureuse par une prompte mort ressemble à celui qui aime mieux laisser envenimer une plaie que de la livrer au fer salutaire d'un chirurgien.....

« J'avoue qu'il est des devoirs envers autrui qui ne permettent pas à tout homme de disposer de lui-même..... Qu'un magistrat, à qui tient le salut de la patrie ; qu'un père de famille, qui doit la subsistance à ses enfants ; qu'un débiteur, dont la mort ruinerait ses créanciers, se dévouent à leur devoir, quoi qu'il arrive ; que mille autres relations civiles et domestiques forcent un honnête homme infortuné à supporter le malheur de vivre pour éviter le malheur plus grand d'être injuste : est-il permis, pour cela, dans des cas tout différents, de conserver, aux dépens d'une foule de misérables, une vie qui n'est utile qu'à celui qui n'ose mourir?....

« ... Que tardons-nous à faire un pas qu'il faut toujours faire?... Nous sommes dans l'âge où la vigueur de l'âme la dégage aisément de ses entraves, et où l'homme sait encore mourir; plus tard il se laisse, en gémissant, arracher la vie. Profitons d'un temps où l'ennui de vivre nous rend la mort désirable; craignons qu'elle ne vienne avec ses horreurs au moment où nous n'en voudrons plus! »

Nous avons donné dans une note (p. 110) la réfutation de ces arguments par Rousseau; cependant, Rousseau était partisan de la légitimité du suicide, et nous trouvons dans ses ouvrages une confirmation de cette appréciation.

« C'est souvent l'abus que nous faisons de la vie, dit encore Rousseau[1], qui nous la rend à charge... Cela n'empêche pas que le sage ne puisse quelquefois déloger volontairement, sans murmure et sans

1. Lettre de Rousseau à Voltaire, occasionnée par le poème de ce dernier sur le désastre de Lisbonne.

désespoir, quand la nature ou la fortune lui portent bien distinctement l'ordre du départ. »

D'Holbach, ardent admirateur du paganisme et des doctrines de l'antiquité, regarde le suicide comme une action d'éclat et un titre à l'immortalité[1] :

« Les Grecs, les Romains, et d'autres peuples, que tout conspirait à rendre courageux et magnanimes, regardaient comme des héros et des dieux ceux qui tranchaient volontairement le cours de leur vie... Et de quel droit blâmer celui qui se tue par désespoir? La mort est le remède unique du désespoir. C'est alors qu'un fer est le seul ami, le seul consolateur qui reste au malheureux. Lorsque rien ne soutient plus en lui l'amour de son être, vivre est le plus grand des maux et mourir est un devoir pour qui veut s'y soustraire. »

Voltaire a, lui aussi, présenté la défense de la mort volontaire[2] :

> Quand on a tout perdu et qu'on n'a plus d'espoir,
> La vie est un opprobre et la mort un devoir,

1. *Système de la nature*, t. I, ch. IV.

2. Dans son article sur le suicide, dans les *Mélanges de philosophie et de morale*, Voltaire semble incliner à le combattre; il ne se prononce toutefois pas ouvertement. Voici ce qu'il dit : « Les apôtres du suicide nous disent qu'il

dit-il dans deux vers célèbres, que le girondin Clavière répéta en se frappant de son poignard.

Dans *l'Ingénu*, nous retrouvons plus longuement exposée la même doctrine. Il dit à Gordon :

« Pensez-vous donc qu'il y ait quelqu'un sur la terre qui ait le droit et le pouvoir de m'empêcher de finir ma vie?... » Gordon se garde bien de lui étaler ces lieux communs, fastidieux, par lesquels on essaye de prouver qu'il n'est pas permis d'user de sa liberté pour cesser d'être quand on est horriblement mal; qu'il ne faut pas sortir de sa maison quand on ne peut plus y demeurer; que l'homme est sur la terre comme un soldat à son poste : comme s'il importait à l'Etre des êtres que l'assemblage de quelques parties de matière fût dans un lieu ou bien dans un autre ; raisons impuissantes qu'un désespoir ferme et réfléchi refuse d'écouter, et auxquelles Caton ne répondit que par un coup de poignard!

Beccaria, dans son *Traité des délits et des peines*, sans se prononcer ouvertement en faveur du droit pour l'homme de disposer de sa vie, combat éner-

est bien permis de quitter sa maison quand on en est las; d'accord, mais la plupart des hommes aiment mieux habiter une vilaine maison que coucher à la belle étoile. »

giquement, comme inefficace ou injuste, toute répression pénale du suicide[1].

« Le suicide, dit-il, est un délit auquel il semble qu'on ne peut décerner un châtiment proprement dit, puisque ce châtiment ne saurait tomber que sur l'innocence ou sur un cadavre insensible et inanimé. Dans ce dernier cas, le supplice ne produira sur les spectateurs que l'impression qu'ils éprouveraient en voyant battre une statue; dans le premier cas, il sera injuste et tyrannique, puisque, où les peines ne sont pas purement personnelles, il n'y a point de liberté.

« Craindra-t-on que la certitude de l'impunité ne rende ce crime commun ? Non, sans doute. Les hommes aiment trop la vie; ils y sont trop attachés par les objets qui les environnent; ils tiennent trop aux douceurs que leur offre l'image séduisante du plaisir et l'espérance... Celui qui craint la douleur obéit aux lois; mais la mort détruit toute sensibilité. Quel sera donc le motif qui arrêtera la main forcenée du suicidé prêt à se frapper?

« Celui qui s'ôte la vie fait à la société politique un moindre mal que celui qui s'en bannit pour tou-

1. *Délits et peines*, § 32.

jours, puisque le premier laisse tout à son pays, tandis que l'autre lui enlève sa personne et une partie de ses biens. Or, si la force d'un État consiste dans le nombre de ses citoyens, le suicide cause à sa nation une perte moitié moindre de celle que lui occasionne l'émigration d'un habitant qui va se fixer chez un peuple voisin.

« ... Il est donc démontré que la loi qui emprisonne les citoyens dans leur pays est inutile et injuste, et, conséquemment, que celle qui serait contre le suicide ne l'est pas moins. C'est un crime devant Dieu, qui le punit après la mort, parce que lui seul peut punir ainsi. Mais ce n'en doit pas être un devant les hommes, parce que le châtiment, au lieu de tomber sur le coupable, ne tombe que sur son innocente famille. Si l'on m'objecte cependant que cette peine peut encore arrêter un homme déterminé à se donner la mort, je réponds que celui qui renonce tranquillement aux douceurs de l'existence et qui hait assez la vie pour lui préférer une éternité malheureuse ne sera sûrement pas ému par la considération, éloignée et peu efficace, de la honte qui va rejaillir sur ses enfants ou ses parents. »

Malgré ces irréfutables argumentations de Montesquieu et de Beccaria, malgré les éloquentes plaidoiries de Rousseau, l'avis unanime de la pléiade philosophique du dix-huitième siècle, la législation resta basée sur l'ordonnance de 1670.

Quelques améliorations furent cependant apportées. C'est ainsi que le suicide ne fut plus puni quand il avait été accompli dans l'état de folie, et que la folie fut toujours présumée; c'est ainsi encore que le Parlement de Paris déclara la confirmation sur appel obligatoire pour que la sentence fût valable.

« Aujourd'hui, lisons-nous à l'article *Suicide*, de l'*Encyclopédie* de Diderot, d'Alembert, etc..., aujourd'hui on condamne les cadavres de ceux qui se sont homicidés eux-mêmes à être traînés sur une claie, la face contre terre, et ensuite à être pendus par les pieds, et on les prive de sépulture...

« On ne punit ainsi que ceux qui se tuent de sang-froid et avec un usage entier de la raison et par la crainte du supplice. Ainsi, on ne prononce aucune peine contre ceux qui se tuent étant en démence ou même qui sont sujets à des égarements d'esprit. »

Mais si les cas de répression étaient devenus plus rares, la pénalité était restée la même. La confiscation des biens, notamment, était prononcée avec la dernière rigueur; elle avait lieu au profit du roi qui, comme en Angleterre, en accordait le bénéfice à ses favoris[1].

Voltaire[2] semble insinuer que, à la veille de la Révolution, les fermiers généraux participaient à la confiscation des biens des suicidés. Je n'ai trouvé nulle part la trace de ce droit.

Telle était, à la fin du dix-huitième siècle, la législation en vigueur, législation basée sur l'ordonnance de 1670 et consacrée encore par un arrêt du Parlement du 31 janvier 1749; en 1789, elle disparaîtra pour ne plus se retrouver dans nos Codes.

1. « Aujourd'hui, le roi a donné à Mme la Dauphine un homme qui s'est tué lui-même; elle espère en tirer beaucoup d'argent. » (Mémoires de Dangeau.)

2. Voltaire, parlant du suicide d'un Welche, écrit: « Pour consoler le fils, on donne son bien au roi, qui en accorde presque toujours la moitié à la première fille d'opéra, le faisant demander par un de ses amants; le reste appartient de droit aux fermiers généraux. »

CHAPITRE IV

LA RÉVOLUTION

La Déclaration des Droits de l'homme, en proclamant la liberté humaine, fit du même coup tomber toutes les pénalités contre le suicide, et la société nouvelle reconnut à l'homme le droit de disposer de sa vie.

Sous la Convention, on rétablit cependant la confiscation des biens de ceux qui se tuaient en prison, pensant, avec le Droit romain, que celui qui se tue avant le jugement fait par sa mort l'aveu de son crime. Un décret de la Convention[1] appliquait la

1. Docteur des Etangs, *du Suicide politique en France* ; 1860.

confiscation à ceux contre lesquels un acte d'accusation était rendu et qui se suicidaient avant l'audience. C'est ainsi que les biens du girondin Clavière furent confisqués au profit de la République, sur la proposition de Fouquier-Tinville.

Beaucoup de suicides à cette époque si profondément tourmentée, beaucoup de suicides politiques surtout.

Les plus célèbres sont ceux des girondins Etienne Clavière, Barbaroux et Valazé, de Roland, du colonel de la garde du roi, M. de Chantereine, du marquis de la Fare, du banquier Girardot, des conventionnels Lidon, Chambon, Brienne, Moure, Bouchotte, Charlier et Maure, de Pétion, de Buzot, du général Mereuse, de Condorcet, de Couthon, de Babeuf, de Pichegru[1]....

On pourrait multiplier les exemples pris parmi les hommes politiques de cette époque; mais ici on ne s'explique que trop les causes déterminantes de cette épidémie[2].

Cependant, les suicides se multipliaient aussi

1. 1804.

2. V. docteur des Etangs, *du Suicide politique en France;* Prud'homme, *Révolutions de Paris;* L. Blanc, *Révolution française.*

parmi ceux qui se tenaient à l'écart de la politique, et de véritables associations mutuelles de suicides s'étaient formées à Paris et à l'étranger.

Il existait à Paris et à Berlin, sous la République et le Consulat, des clubs de suicidistes. Leurs statuts, identiques, obligeaient les membres à se tuer successivement; le suicidé annuel était désigné par la voie du sort.

Le club de Paris comptait douze membres, celui de Berlin six seulement; le dernier est mort en 1819[1].

Aucun texte n'abrogea explicitement l'ordonnance de 1670 sur le suicide; le Code Pénal des 25 septembre et 6 octobre 1791 l'abrogea tacitement en restant muet sur ces matières. La confiscation fut supprimée par un décret du 21 janvier 1790[2]; la Convention la rétablit en matière de crimes politiques, ainsi que nous l'avons déjà vu.

1. Shœn, *Statistique générale et raisonnée de la civilisation en Europe;* Prosper Lucas (thèse), *de l'Imagination contagieuse.*

2. « Les délits et les crimes étant personnels, le supplice « d'un coupable et les condamnations infamantes quelconques n'impriment aucune flétrissure à sa famille. La « confiscation des biens des condamnés ne pourra jamais « être prononcée en aucun cas. »

IV

LE SUICIDE AU XIXe SIÈCLE

Nous voici arrivé au seuil du dix-neuvième siècle : les suicides tendent à augmenter d'année en année; les lois françaises sont muettes; les lois étrangères ont presque toutes subi l'influence de la Révolution de 1789, et n'ont, pour le suicide, que des pénalités adoucies.

Nous allons étudier successivement le suicide en France et le suicide à l'étranger; puis, étudiant ses manifestations, nous chercherons à saisir la cause qui le produit et le remède qui pourrait en diminuer les ravages.

CHAPITRE PREMIER

LE SUICIDE EN FRANCE

Le Code Pénal est, comme nous l'avons déjà dit, muet sur le suicide; c'est dire que nulle peine ne frappe, quel que soit le motif qui les pousse, ceux qui se tuent.

Mais, par une opposition, que nous estimons contraire au principe qui veut que là où il n'y a pas eu crime il ne puisse y avoir complicité, la jurisprudence assimile à un meurtrier celui qui, sur la demande expresse d'un tiers, lui donne la mort.

De plus, en matière d'assurances sur la vie, il est de jurisprudence constante que les sociétés ne répondent pas des risques causés par la faute de l'assuré, et, entre autres, du suicide.

Enfin, dans les cimetières non sécularisés, les suicidés étaient enterrés à la place réservée aux suppliciés, hors de la terre sainte, jusqu'à la loi du 14 novembre 1881.

Ce sont ces trois points que nous allons examiner dans trois paragraphes.

§ 1

De la complicité dans le suicide.

Le suicide n'est point, d'après nos lois, un crime : nulle peine ne frappe celui qui le commet ; nul texte pénal ne le prévoit. Or, où il n'y a point de crime il ne saurait y avoir complicité punissable, et le complice du suicide échappe à toute répression pénale : c'est ce que la jurisprudence de la Cour de Cassation a jugé formellement à diverses reprises [1].

Mais la Cour de Cassation a bien vite cherché à atténuer, jusqu'à le détruire, ce principe de notre Droit pénal qu'elle venait ici de poser. Elle a ex-

1. Cassat., crim., 27 avril 1815, aff. Lhuillier; Sirey, 15, 1, 317. — 16 novembre 1827 ; Sirey, 28, 1, 135.

posé une doctrine de laquelle il résulte que, si, à la vérité, celui qui a aidé un homme à se suicider ne peut être poursuivi comme son complice, puisque l'auteur principal ne saurait l'être, il peut être poursuivi pour l'acte qu'il a personnellement commis, abstraction faite, d'ailleurs, de tout ce qui se rattache au suicide.

Dès lors, celui qui aura fait à un tiers, sur sa demande formelle, des blessures sera traité comme s'il l'eût frappé malgré lui[1] ; celui qui aura tué un tiers, sur sa prière, sera assimilé au meurtrier[2].

Mais cette complicité que la Cour de Cassation déclarait impunissable, que devient-elle? La Cour de Cassation exonère de toute poursuite ceux-là seuls qui ont aidé ou facilité l'exécution du suicide, mais sans y participer eux-mêmes.

Ceux qui ont frappé ou ceux qui ont tué sont assimilés aux malfaiteurs vulgaires, et punis des mêmes peines qu'eux. Prenons deux exemples, afin de marquer la différence entre le complice et l'auteur ou coauteur du suicide d'autrui. Le complice sera celui qui fournira du poison à celui qui veut se sui-

1. Cassat., crim., rejet, 2 août 1816, aff. Lerath.

2. Cassat., crim., rejet, 14 juin 1816, affaire Denoch ; 23 juin 1838, aff. Coupillet.

cider, sachant l'usage qui doit en être fait. L'auteur ou coauteur sera celui qui donnera la mort ou participera aux actes du suicidé. La Cour de Cassation estime homicide d'autrui celui qui donne la mort à quelqu'un qui l'en prie, ou qui l'aide à se donner la mort en enfonçant, par exemple, le poignard dont le suicidé s'est percé.

Mais, au moins, une situation meilleure est-elle faite à ces auteurs ou coauteurs, puisqu'ils ont obéi au désir formel de la victime? La chambre des mises en accusation peut-elle se baser sur les faits concluants et peuvent-ils bénéficier d'une ordonnance de non-lieu?

Non, répond la Cour de Cassation; les faits seront toujours déférés au jury, qui y pourra trouver des circonstances atténuantes[1].

La Cour de Cassation va plus loin. Dans le cas de deux suicides commis ensemble, et réciproques, chacun frappant l'autre, sur le désir indiscutable des deux victimes, le survivant peut être poursuivi comme meurtrier[2].

Cette théorie de la Cour de Cassation, conforme,

1. Cassat. crim., 23 juin 1838, aff. Coupillet.
2. Cassat., crim., 21 août 1851.

d'ailleurs, à sa jurisprudence en matière de duel, a été adoptée par un certain nombre d'auteurs [1]; d'autres, MM. Chauveau et Hélie en tête, se prononcent, avec raison selon nous, contre toute poursuite en matière de suicide, soit contre l'auteur du suicide d'autrui, soit contre son complice.

Nous allons essayer de justifier ici notre opinion à cet égard.

Laissons de côté l'argument tiré de l'absence de texte prévoyant le suicide, et plaçons-nous, pour les combattre, sur le terrain même de nos adversaires. Celui qui, devant la volonté formelle d'un tiers, frappe celui-ci et cherche à lui donner la mort qu'il réclame, est, s'il le tue, poursuivi comme meurtrier; s'il le blesse seulement, comme ayant fait à autrui des blessures volontaires; ce dernier sera, en outre, traité différemment, suivant la gravité des blessures et l'incapacité de travail qu'elles auront occasionnées [2].

A cette jurisprudence, tout d'abord, une première objection. Il est certain que le système manque de logique; car celui qui frappe a, dans le cas de sui-

1. Faustin-Hélie, t. II, p. 465; Rauter, p. 212; Carnot, sur l'art. 295, n° 17; Dalloz, t. XI, p. 418, et t. XIV, p. 607.
2. Cassat., rejet, 2 août 1816.

cide, toujours la volonté de donner la mort; et qu'on se trouve en présence soit d'un meurtre, soit d'une tentative de meurtre qui, n'ayant échoué que par suite de circonstances indépendantes de la volonté de son auteur, doit être assimilée au meurtre, la distinction de la Cour de Cassation ne se justifie point; elle entraînerait à des inconséquences et à des injustices, comme cela s'est produit en matière de duel.

Maintenant, occupons-nous de la question de droit. Celui qui frappe un homme, avec le consentement de la victime, est-il assimilable au meurtrier?

Ecartons tout d'abord le cas où le consentement a été obtenu par violence[1], auquel cas il est nul, et supposons le consentement formel; le plus souvent même nous nous trouverons en présence de prières réitérées.

Dans cette hypothèse, trouvons-nous les caractères essentiels de tout délit punissable? Nous pouvons hardiment répondre : Non!

Nous ne reproduirons pas ici la savante dissertation de MM. Chauveau et F. Hélie dans leur *Traité de Droit pénal*[2]; nous nous appuierons seulement

1. Cassat., 2 juillet 1835.
2. T. III, p. 449, ch. I.

sur cet argument, qui nous paraît irréfutable. En matière de crime, il faut deux conditions pour que la loi pénale puisse frapper : un fait délictueux et l'intention de nuire chez celui qui l'a commis.

Le fait répréhensible ici est la mort d'un homme. On pourrait même lui disputer ce caractère, puisque l'on se trouve en présence d'un suicide, et que le suicide n'est pas puni par nos lois ; or, sans texte pénal, point de peine ; mais ce qu'on ne peut nier, c'est l'absence totale de l'intention de nuire.

Comment? on frappe un homme après que longtemps il vous l'a demandé ; la vie lui était odieuse; les maladies incurables, les tristesses de la vie lui rendaient l'existence intolérable : il vous supplie de l'aider à se soustraire à ses tortures, on l'aide, et on le ferait dans l'intention de lui nuire?

Deux amants, contrariés dans leur affection, décident que, ne pouvant être unis dans la vie, ils le seront dans la mort, et se frappent l'un l'autre en même temps : où est l'intention de nuire?

L'action d'aider quelqu'un à accomplir un suicide est un fait immoral, réprouvé par les lois de la plus simple morale ; mais il n'est point punissable par la loi ; toute intention mauvaise, la jalousie, la haine, la cupidité, la cruauté, la vengeance, tous les sentiments bas que l'on trouve dans tous les crimes humains y font défaut. Or, sans intention de nuire, nulle action ne peut tomber sous le coup de la loi, et la Cour de Cassation viole, en matière de suicide, les principes fondamentaux de notre Droit pénal.

Nous verrons tout à l'heure quelles ont été les prescriptions des lois étrangères en matière de suicide et de complicité.

§ 2.

Du suicide en matière d'assurances sur la vie.

Les Compagnies d'assurances sur la vie s'engagent, comme on sait, moyennant le payement d'une prime annuelle, à verser une certaine somme à la mort de l'assuré; mais toutes les Compagnies stipulent qu'elles ne répondent point des décès survenus par la faute de l'assuré, par exemple des cas de suicide, duel ou condamnation capitale.

Ce principe que « l'assureur ne répond pas des risques que l'accusé peut courir par sa faute », a pour conséquences que l'assureur, en cas de suicide par exemple, n'est pas tenu de remplir ses obligations et de verser aux ayants droit la somme convenue[1].

En France, toutes les Compagnies d'assurances sur la vie ont dans leurs polices des clauses prévoyant le cas de suicide, et stipulant qu'en ce cas elles seront déchargées de toute obligation. Le Conseil d'Etat, par qui sont approuvés les statuts de ces Compagnies, exige que ces clauses y soient énoncées.

Il est évident, néanmoins, que le suicide doit avoir été volontaire, et que l'assuré ne peut être déchu de ses droits au cas où il a cédé à un accès de folie[2]. Toutes les fois qu'il s'est tué dans un moment d'inconscience, la déchéance ne s'applique pas. La preuve incombe, d'ailleurs, en ce cas, à la Compagnie qui refuse d'exécuter sa police[3] : « Il s'agit », disait M. l'avocat général Pinard, dans une cause relative au suicide, « il s'agit de résilier un contrat : la base de la résiliation, c'est le suicide. C'est donc aux Compagnies qui demandent la résiliation à faire

1. V. Grün et Joliat, p. 428 ; Alauzot, t. II, p. 492 ; *contrà*, Persil, 273 ; *Journal du palais*, rép. gén., 1845, t. II.

2. Paris, Cassat., 30 novembre 1875.

3. Cassat., 3 août 1876.

la preuve. Cette preuve, elles peuvent la demander à des constatations matérielles ou à des constatations morales. »

Ainsi, en France, la législation est bien simple : en cas de suicide volontaire, résiliation des polices : la preuve à faire appartient aux Compagnies demanderesses.

Dans d'autres pays, on admet parfois que le suicide volontaire n'entraîne pas la résiliation du contrat, mais on exige le payement de plusieurs primes entre l'engagement et le suicide, afin d'éviter toute spéculation possible d'un homme aux abois, se suicidant pour sauver, par sa mort, la situation des siens.

C'est ainsi que certaines Compagnies américaines admettent le suicide qui a lieu un an et un jour après le contrat d'assurance; c'est ainsi que la Compagnie anglaise *le Gresham* l'admet aussi après le versement de trois primes; c'est ainsi, enfin, que la Compagnie belge d'*assurances générales* paye en cas de suicide survenu après trois années.

Les mêmes Compagnies appliquent les mêmes principes au cas de duel et d'exécution capitale[1].

1. Le tribunal de la Seine a décidé que, lorsque la Compagnie avait stipulé que le suicide survenu après douze

§ 3.

Du suicide en matière de sépulture.

Durant tout le moyen âge, les cimetières faisaient corps avec les églises. Les églises étaient entourées d'un certain espace de terrain, béni par les prêtres, dans lequel on enterrait les fidèles. Les hérétiques, les suicidés, les enfants morts sans baptême, les suppliciés, tous ceux que l'Église catholique n'admettait pas parmi ses élus étaient jetés pêle-mêle en un lieu d'infamie, en général l'endroit même où se faisaient les exécutions.

Les questions d'hygiène, de salubrité publique, firent apporter à cet état de choses une première modification en 1776, où une déclaration royale autorisa les communes à acheter les terrains éloignés du centre des villes, et à les affecter aux sépultu-

mois ne produirait pas la résiliation du contrat, sauf le cas où il aurait été prémédité, elle était tenue de payer la somme convenue. (Aff. veuve Morin contre *the Defender*, Compagnie anglaise. — V. le *Droit* et la *Gazette des Tribunaux* du 26 mars 1862.)

res. Mais le catholicisme conserva sur ces nouveaux cimetières toutes ses prérogatives sur les anciens.

La Convention nationale, en 1793, rendit un décret ouvrant aux fidèles de tous les cultes, à tous les citoyens indistinctement, les cimetières publics.

« La Convention nationale...., considérant qu'aucune loi n'autorise à refuser la sépulture dans les cimetières publics aux citoyens décédés, quelles que soient leurs opinions religieuses et l'exercice de leur culte, passe à l'ordre du jour[1]. »

En l'an X intervint le Concordat, qui modifia la situation qui résultait du décret de 1793. La religion catholique était librement reconnue en France, mais l'article 1er du Concordat stipulait que son « culte sera public, en se conformant aux règle- « ments de police que le gouvernement jugera né- « cessaires pour la tranquillité publique. »

Le premier règlement de police ayant trait aux cimetières date de l'an XII[2].

Nous n'en reproduirons que les articles 15, 16 et 17, les seuls qui aient trait à la question qui nous occupe :

1. Décret du 12 frimaire an II.
2. 14 juin 1804.

Art. 15. — « Dans les communes où l'on professe plusieurs cultes, chaque culte doit avoir un lieu d'inhumation particulier; et, dans le cas où il n'y aurait qu'un seul cimetière, on le partagera par des murs, haies ou fossés, en autant de parties qu'il y aura de cultes différents, avec une entrée particulière pour chacune, et en proportionnant cet espace au nombre d'habitants de chaque culte. »

Art. 16. — « Les lieux de sépulture, soit qu'ils appartiennent aux communes, soit aux particuliers[1], seront soumis à l'autorité, police et surveillance des administrations municipales. »

Art. 17. — « Les autorités locales sont spécialement chargées de maintenir les lois et règlements qui prohibent les exhumations non autorisées, et d'empêcher que l'on ne commette dans les lieux de sépulture aucun désordre ou qu'on s'y permette aucun acte contraire au respect dû à la mémoire des morts. »

Les articles 16 et 17 reconnaissaient le droit formel et exclusif des communes sur les cimetières. Les maires seuls avaient la police des sépultures ; mais

1. « Toute personne pourra être enterrée sur sa propriété, pourvu que ladite propriété soit hors et à la distance prescrite de l'enceinte des villes et des bourgs. » (Art. 14.)

l'article 15, qui paraissait assurer la liberté et l'égalité des sépultures, servit précisément à l'Eglise catholique à porter la plus grave atteinte à cette liberté et à cette égalité. S'emparant de cet article 15, elle déclara que ses fidèles seuls seraient inhumés en terre bénite, que ceux qui seraient enterrés ailleurs seraient en un lieu d'infamie, et elle refusa l'entrée de la terre sacrée aux hérétiques, aux enfants non baptisés, aux suicidés, qu'elle rejetait de son sein.

Et, comme dans beaucoup de communes, dans la plupart des communes, les catholiques étaient en presque unanimité, ils s'attribuèrent le cimetière tout entier, et laissèrent dehors ou firent ensevelir dans un endroit noté d'infamie tous ceux qui ne partageaient pas leurs croyances.

« Il m'est arrivé fréquemment de trouver dans les fermes de petits cimetières particuliers, où les propriétaires protestants font enterrer les membres de leur famille. Les communes catholiques refusent de recevoir les cadavres des hérétiques, même dans le coin écarté réservé aux suicidés et aux suppliciés [1]. »

1. Lettre de M. Lartet, doyen de la Faculté de médecine de Lyon, rendant compte d'une mission qu'il avait reçue, 23 mars 1880. (*Journal officiel* du 6 mars 1881, p. 437.)

M. Freppel, évêque d'Angers, défendant à la Chambre, dans la séance du 6 mars 1881, le décret du 23 prairial an XII, exposait ainsi la doctrine catholique[1] :

« La confusion, ou pour me servir d'un mot plus technique, la promiscuité des sépultures dans nos cimetières serait une grave atteinte aux principes, aux droits, aux libertés de l'Eglise catholique, et, à ce titre, elle constituerait une véritable mesure d'intolérance et de persécution. Qu'est-ce, en effet, que le cimetière aux yeux des catholiques? C'est un appendice, une continuation, un prolongement de l'église elle-même. Il ne fait qu'un avec elle, à tel point que, là où il entoure l'église, la profanation de l'église entraîne celle du cimetière, et réciproquement..... La distance matérielle de l'un à l'autre ne fait rien à la question ; car le lien moral, le lien canonique, le lien liturgique n'en subsiste pas moins. Bref, le cimetière, c'est l'église des morts ; voilà le droit. »

Et à l'appui de sa thèse, M. Freppel invoquait « les décrets des souverains pontifes, des conciles généraux, depuis Innocent III, Boniface VIII, Gré-

1. *Journal officiel* du 6 mars 1881, pp. 433, 434.

goire X, jusqu'à nos jours, et les maximes des canonistes anciens et modernes. »

Puis, il résumait ainsi ses revendications : « Les cimetières, une fois bénits, sont des lieux saints, sacrés, religieux, appartenant par là même aux choses ecclésiastiques. »

Cette doctrine, qui avait été la loi depuis l'an XII, avait amené des abus nombreux; aussi une proposition de loi tendant à abroger l'article 15 du décret de prairial, fût-elle déposée, en 1871, par des députés de Seine-et-Oise, à l'Assemblée nationale. Les signataires proposaient de revenir à la législation de 1793, d'ailleurs appliquée depuis longtemps à Paris et dans diverses grandes villes, de regarder le cimetière comme la maison commune des morts, maison ouverte à tous, quelles que fussent leurs croyances, quelle qu'ait été leur mort.

Cette proposition de loi a été voté, le 6 mars 1881, par la Chambre, votée ensuite par le Sénat et promulguée le 14 novembre 1881.

En ce qui concerne plus spécialement les suicidés, la loi nouvelle fait cesser cette pratique odieuse qui consistait à jeter dans un lieu noté d'infamie les cadavres de ceux qui, sans qu'on pût alléguer un moment d'égarement ou d'inconscience, quittaient volontairement la vie; car l'Église catholique ne refuse jamais la sépulture religieuse à ceux qui ont mis fin à leurs jours sous l'empire de la folie : ses rigueurs n'atteignent que ceux qui se sont détruits de leur volonté libre et préméditée, ceux dont le suicide eût été punissable, selon les anciens principes.

D'après la loi du 14 novembre 1881, qui s'est bornée à abolir l'article 15 du décret du 23 prairial an XII, tous les cimetières doivent être sécularisés. Chaque tombe sera donc bénite isolément par le prêtre. Dès lors, la différence entre la tombe du suicidé privé des prières de l'Église, et les autres, sera que la première n'aura pas été bénite.

Nous devions parler de la sépulture des suicidés, parce que les cimetières relèvent de l'autorité civile et du droit civil. Nous n'avons pas à nous occuper du refus de prières aux suicidés hors le cas de folie, parce que ceci est du domaine exclusivement religieux.

CHAPITRE II

LE SUICIDE A L'ÉTRANGER

Nous n'avons point l'intention de donner ici la législation comparée tout entière en matière de suicide ; cette étude nous entraînerait certainement loin des bornes de notre travail, et nous nous contenterons de signaler les principales dispositions relatives au suicide, que nous trouvons dans les différents Codes contemporains.

L'Angleterre a été longtemps regardée comme la terre classique du suicide ; et de tout temps le suicide y a été puni par les lois.

Le suicide y est considéré comme un acte de félonie, *felonia de se ;* la peine qui le frappe est, comme jadis en France, une sépulture sans honneurs et la confiscation des biens.

Les cadavres étaient autrefois enterrés entre quatre chemins; aujourd'hui ils sont ensevelis sans pompe, sans cérémonie religieuse, hors du terrain consacré du cimetière. Si l'enterrement a lieu avant que l'ordonnance de félonie ne soit rendue, le coroner peut autoriser l'ensevelissement dans le cimetière, mais sans honneurs funèbres, et entre neuf heures du soir et minuit.

Les biens du suicidé étaient dévolus à la couronne. Le souverain avait l'habitude de donner, soit à temps, soit à perpétuité, à ses courtisans, la concession des suicides d'une contrée déterminée; il existe encore en Angleterre des concessions de ce genre.

La couronne permettait parfois le rachat des biens ainsi confisqués : en 1289, la veuve d'Aubrey de Wystelesburg, qui s'était suicidé, racheta, moyennant 300 livres, les biens confisqués [1].

Le suicide n'entraîne ces peines que si une ordonnance de félonie a été rendue.

Quand un suicide est commis, le coroner, ou tout

1. *English Encyclopedia*, 1861. London.

autre magistrat ayant qualité, fait une enquête sur le suicide. Un jury est réuni par ses soins, et on procède en sa présence à l'examen du cadavre et des lieux.

Le même jury doit dresser un état des biens du suicidé; le shérif, en cas d'oubli de la part des jurés, y procède au moyen d'une enquête *de melius inquirendo.*

Si le suicide est prouvé et que l'ordonnance soit rendue, la couronne est investie de la propriété de tous les biens du suicidé : mention doit être faite dans cet investissement de la date du suicide. La couronne n'est pas tenue des dettes du suicidé; cependant, on accorde, en général, aux créanciers qui présentent un mémoire à la trésorerie, un warrant qui autorise la délivrance de *lettres d'administration;* dès lors, le créancier se trouve investi des droits et des charges d'un représentant ordinaire.

Le jugement du jury n'est, d'ailleurs, pas irrévocable; tout intéressé peut l'attaquer *by a demurrer.* La *Court of king's bench* statue, après avoir refait la procédure; elle peut prononcer la restitution des biens, même quand la couronne en est saisie.

Les quatre cent quatre-vingt-cinq cas, *of William and Mary* (c. 22), ont dérogé à cette pratique, en facilitant aux intéressés le moyen d'obtenir la réformation de l'arrêt du jury.

Toute personne lésée par cet arrêt peut, en effet, sans prendre de *demurrer*, faire une contre-enquête devant la *Court of queen's bench* et faire annuler par elle l'ordonnance de félonie. Si ce n'est que sur la forme que porte la poursuite du plaignant, la Cour peut autoriser le coroner à la rectifier.

Telle est la législation anglaise, qui, comme on le voit, ne diffère guère de notre ancienne législation. Hâtons-nous d'ajouter que la pratique est absolument contraire à la théorie. La loi anglaise déclare impunissable le suicide commis par un enfant sans discernement, ou par un homme qui n'a pas la conscience de ses actes, et le jury anglais trouve presque toujours que c'est dans un moment d'irresponsabilité que le suicidé s'est frappé, et les peines si sévères des lois restent presque constamment lettres mortes.

La complicité du suicide est assimilée au suicide lui-même et frappée de la même peine[1]. Le jury,

1. Blackstone, t. IV, p. 189; Russel, t. I, pp. 424, 426, statut spécial, st. I, tawk, ch. XXVII, § 6.

du reste, se montre pour tous d'une égale indulgence.

En Allemagne, la législation n'était pas uniforme; les Codes bavarois et saxon étaient muets sur le suicide; le Code pénal prussien renfermait, au contraire, des peines contre le suicide. Le cadavre était enseveli sans pompe, sans cérémonie religieuse; la sentence prononcée contre le défunt était exécutée sur le cadavre, sans toutefois qu'une mutilation du cadavre fût possible. Quand le suicide avait eu pour but d'échapper à une condamnation infamante, le cadavre était enterré de nuit par le bourreau, dans le terrain réservé à l'inhumation des criminels.

Le Code pénal prévoyait aussi la complicité, qu'il punissait sévèrement : « Quiconque donne la mort à une personne qui le demande, ou l'aide à se suicider, encourt la réclusion dans un fort ou une maison correctionnelle pendant six à dix années[1]. »

Le nouveau Code pénal allemand punit la complicité d'une peine de trois années d'emprisonnement[2].

1. Art. 834.
2. Art. 216.

En Autriche, le cadavre des suicidés est enseveli en dehors des cimetières et par les soins de la police[1].

En Espagne, le suicide est puni des peines édictées jadis par le Droit canonique : ensevelissement sans honneurs, en terre profane, confiscation des biens.

La complicité est aussi prévue et punie par le Code pénal : « Celui qui aiderait un autre individu à se suicider sera puni de la peine de la prison majeure; s'il l'avait aidé jusqu'au point de le mettre lui-même à mort, il sera puni de la peine de la réclusion temporaire en son degré inférieur[2]. »

Le Code pénal du Brésil punit de deux à six ans de prison « toute personne qui a aidé quelqu'un à se suicider, ou lui en a fourni les moyens en connaissance de cause[3]. »

Aux Etats-Unis, les Codes des différents Etats contiennent des dispositions différentes; presque partout, cependant, la législation anglaise est en vigueur, mais n'est guère plus appliquée que dans les Iles-Britanniques.

1. Code pénal.
2. Art. 335.
3. Art. 196.

En Louisiane, le Code prévoit le cas de complicité[1] : « Quiconque aidera dans l'acte du suicide ou procurera les moyens de l'exécuter, connaissant le but auquel ils sont destinés, sera emprisonné et soumis à de rudes travaux ; ladite peine ne pourra être moindre de trois ans, ni excéder six ans. »

D'après ce rapide exposé de la législation étrangère, on voit que, presque partout, le suicide est puni de la privation des honneurs funéraires et des peines édictées par le Droit canon. Presque partout aussi, le complice du suicidé est passible de peines ; mais nulle part l'assimilation que la jurisprudence française a établie entre le meurtrier et l'auteur ou les auteurs du suicide d'autrui ne se retrouve ; en Angleterre seulement, la complicité est frappée des mêmes pénalités que le suicide lui-même.

1. Art. 548.

V

LES CAUSES DU SUICIDE ET SES REMÈDES

Avant d'étudier les causes qui amènent les hommes à quitter la vie avant l'heure, nous allons passer en revue le nombre des suicides dans les différents pays, et étudier dans quelles proportions le suicide s'étend chez les divers peuples.

Les statistiques que nous allons donner ici ne sont évidemment qu'approximatives; dans bien des pays, comme l'Espagne, elles n'ont aucun caractère officiel; dans d'autres, comme l'Angleterre, où le jury a une tendance marquée à voir dans les suicides des accidents, ou de les attribuer toujours

Avant d'étudier les causes qui amènent les hommes à quitter la vie avant l'heure, nous allons passer en revue le nombre des suicides dans les différents pays, et étudier dans quelles proportions le suicide s'étend chez les divers peuples.

Les statistiques que nous allons donner ici ne sont évidemment qu'approximatives; dans bien des pays, comme l'Espagne, elles n'ont aucun caractère officiel; dans d'autres, comme l'Angleterre, où le jury a une tendance marquée à voir dans les suicides des accidents, ou de les attribuer toujours à la folie, elles sont fatalement incomplètes [1]; partout, enfin, on dissimule beaucoup de suicides qu'on s'efforce de rattacher à un accident imprévu, afin de se soustraire à la tache que laisse, malgré tout, sur la famille, aux yeux du peuple, le suicide d'un de ses membres.

1. Rapport du docteur Farr au *Registrar general* (service de la statistique officielle) pour 1872.

CHAPITRE PREMIER

STATISTIQUE COMPARÉE DU SUICIDE

Nous constaterons, dans tous les pays civilisés, une proportion croissante de suicides; cette progression ascendante, nous étudierons à quelle cause on doit l'attribuer, et nous arriverons à dire, avec Esquirol, que « plus la civilisation se développe, plus les besoins (fictifs ou réels) augmentent, plus les aliénations mentales sont fréquentes, plus il doit y avoir de suicides [1]. »

Devant nous arrêter plus longtemps sur la statistique du suicide en France, nous commencerons par donner les statistiques des autres pays.

1. Esquirol, *Maladies mentales*.

ALLEMAGNE

Nous allons passer en revue les différentes provinces où les statistiques ont été publiées :

Duché d'Anhalt :

1873.....	45	suicides.
1874.....	54	—
1875.....	51	—
1876.....	60	—

Ce tableau nous donne un accroissement de 33 %, et la population pour la période précédente ne s'était accrue dans le duché que de 5 %.

Duché de Saxe-Altenbourg. — Nous n'avons ici que d'anciens documents; nous y relevons une augmentation de 64,5 %, bien supérieure à l'accroissement correspondant de population :

1857.....	31	suicides.
1858.....	39	—
1859.....	40	—
1860.....	44	—
1861.....	55	—

Dans le duché de Bade, nous trouvons entre 1851 et 1875 un accroissement de 54 %, en disproportion évidente avec l'accroissement de la population :

1851-1855.....	150	suicides.
1856-1860.....	170	—
1861-1865.....	189	—
1866-1870.....	203	—
1871-1875.....	231	—
1876-1880.....	305	—
1881.....	306	—

En Bavière, même proportion croissante; temps d'arrêt pendant la guerre de 1870-1871, où nous trouverons chez les belligérants relativement peu de suicides; de 1872 à 1876, 50 % d'accroissement :

1846-1850.....	218	suicides.
1851-1855.....	275	—
1856-1860.....	332	—
1860-1865.....	384	—
1866-1870.....	442	—
1871-1875.....	436	—
1876-1880.....	656	—

Dans le Hanovre, 50 % d'accroissement depuis 1850.

Dans le Mecklembourg-Schwerin, malgré l'émigration constante des populations, la même période nous donne 25 % d'accroissement.

En Prusse, 24 % d'augmentation depuis 1869; depuis 1873 jusqu'en 1877, 53 %; et la progression se maintient :

1873.....	2,826	suicides.
1874.....	3,075	—
1875.....	3,278	—
1876.....	3,917	—
1877.....	4,330	—
1881.....	5,159	—

En faisant le calcul par périodes, on trouve :

1860-1866......	2,261	suicides.
1867-1869......	3,609	—
1870-1872......	3,287	—
1873-1875......	3,060	—
1876-1880......	4,784	—

Dans la Saxe royale, de 1871 à 1878, l'accroissement est de 70,4 % :

1871.....	653	suicides.
1872.....	687	—
1873.....	723	—
1874.....	723	—
1875.....	743	—
1876.....	981	—
1878.....	1,126	—

En faisant le tableau par périodes, voici la répartition des suicides pour la Saxe[1] :

1861-1865......	607	suicides.
1866-1870......	715	—
1871-1875......	706	—
1876-1880......	1,103	—
1881......	1,248	—

C'est la Saxe royale, pays très industriel, qui offre le plus de suicides de toute l'Allemagne.

En Wurtemberg, on a enregistré :

1871-1875......	282	suicides.
1876-1878......	364	—

1. *Statistique de la Saxe*, LVII.

Dans le duché d'Oldenbourg, la statistique[1] nous donne :

1856-1860......	31	suicides.
1861-1865......	44	—
1866-1870......	53	—
1871-1875.	55	—

ANGLETERRE

Voici, depuis 1862 jusqu'en 1777, la statistique officielle des suicides pour l'Angleterre seule, statistique forcément inférieure à la réalité, comme nous l'avons vu et de l'aveu des Anglais eux-mêmes :

1862.......	1,317	suicides.
1863.......	1,319	—
1864.......	1,340	—
1865.......	1,392	—
1866.......	1,329	—

1. Depuis 1873 en Prusse (depuis 1872 en Autriche), on a adopté un nouveau mode de recensement des suicidés. On enregistre à part les suicides civils et les suicides dans l'armée.

1867.......	1,316	suicides.
1868.......	1,508	—
1869.......	1,588	—
1870.......	1,554	—
1871.......	1,495	—
1872.......	1,514	—
1873.......	1,518	—
1874.......	1,592	—
1875.......	1,601	—
1876.......	1,770	—
1877.......	1,699	—

Et par périodes :

1858-1860......	1,296	suicides.
1861-1865......	1,343	—
1866-1870......	1,459	—
1871-1875......	1,542	—
1876-1880......	1,849	—
En 1881......	1,955	—

La proportionnalité par rapport à la population, qui avait un peu faibli dans la période de 1871 à 1875 (65 par 1 million d'habitants), est de 74 pour la période de 1876 à 1880 et de 75 en 1881.

IRLANDE

Nous trouvons ici une tendance très faible à l'accroissement des suicides, dont le nombre, d'ailleurs, varie presque chaque année dans un sens différent :

1865.....	77	suicides.
1866.....	67	—
1867.....	83	—
1868.....	87	—
1869.....	100	—
1870.....	89	—
1871.....	112	—
1872.....	102	—
1873.....	86	—
1874.....	99	—
1875.....	75	—
1876.....	111	—
1877.....	90	—
1878.....	93	—

Ces documents, incomplets vu l'imperfection de la tenue des registres de l'état civil en Irlande, sont fournis par M. Bodio[1], directeur de la statistique d'Italie.

AUTRICHE

La statistique officielle nous donne un tableau comparé des suicides dans les diverses provinces de l'Autriche (sauf la Hongrie). Nous y trouvons la trace marquée partout de la progression ascendante du suicide.

Voici cette statistique de 1873 à 1877 :

	1873	1874	1875	1876	1877
Basse Autriche...	24	25	25	25	28
Silésie..........	20	13	17	23	22
Bohême	15	14	15	17	18
Bukowine.......	13	13	9	12	17
Pays de Trieste..	15	11	17	13	15
Moravie........	12	13	12	16	15
Salzbourg.......	14	15	8	9	14
Haute Autriche..	9	11	12	10	11
A reporter...	122	115	115	125	140

1. Introduction à la *Statistique internationale de la population*. Rome, 1878.

	1873	1874	1875	1876	1877
Report...	122	115	115	125	140
Styrie..........	7	9	8	12	11
Tyrol...........	9	7	8	10	10
Carinthie	9	9	9	10	9
Galicie	8	8	9	7	9
Voralberg.......	3	5	8	6	9
Gordz et Gradiska	6	5	7	7	8
Ukraine.........	3	7	4	4	5
Istrie...........	2	3	7	2	5
Totaux...	169	168	175	183	206

La statistique donne les résultats suivants pour toute l'Autriche-Hongrie [1].

De 1866 à 1870....	1,423	suicides.
1871 à 1875....	2,235	—
1876 à 1880....	3,681	—

BELGIQUE

La Belgique, qui, de 1856 à 1865, avait vu diminuer dans des proportions considérables le nombre

1. Ces indications, à partir de 1876, sont tirées de la *Statistique sanitaire* pour les suicides civils, et de l'*Annuaire* pour l'armée.

de suicides, s'est, depuis cette époque, associée au mouvement ascendant des puissances voisines. M. Legoyt, dans sa remarquable étude sur le suicide, y voit[1] l'effet d'une contagion, provenant du voisinage des pays limitrophes, où le suicide sévit actuellement, contagion semblable à celle que produisent les grandes villes sur les territoires voisins.

Quoi qu'il en soit, voici les chiffres :

De 1841 à 1845....	235	suicides.
1846 à 1850....	253	—
1851 à 1855....	260	—
1856 à 1860....	221	—
1861 à 1865....	220	—
1866 à 1870....	310	—
1871 à 1875....	362	—
1876 à 1880....	509	—
En 1881...........	550	—

HOLLANDE

Ici le mouvement s'arrête ; on peut considérer l'état du suicide comme stationnaire. Voici les chiffres officiels des dernières années :

1. *Le Suicide ancien et moderne*, p. 129.

1875.....	136 suicides.
1876.....	177 —
1877.....	183 —
1878.....	167 —
1879.....	172 —

Jusqu'en 1877 la Hollande paraissait vouloir imiter les pays voisins; depuis lors une diminution notable se fait sentir.

ITALIE

L'Italie avait été longtemps regardée comme rebelle à la loi de progression croissante des suicides; aujourd'hui la statistique montre clairement que l'accroissement est sensible ici, comme chez presque tous les peuples d'Europe.

1866.....	588 suicides.
1867.....	753 —
1868.....	784 —
1869.....	655 —
1870.....	788 —
1871.....	836 —
1872.....	890 —

1873.....	975	suicides.
1874.....	1,015	—
1875.....	922	—
1876.....	1,024	—
1877.....	1,139	—
1878.....	1,158	—

De 1870 à 1875	on trouve	950	suicides.
1876 à 1880	—	1,161	—
En 1881	—	1,343	—

RUSSIE

En Russie, nous n'avons que des documents fort incomplets; toutefois, d'après les journaux russes, on est certain qu'un accroissement très notable des suicides s'est produit dans les grandes villes de l'empire; pour les campagnes une tendance analogue est signalée, mais le contrôle certain manque.

DANEMARK

Nous retrouvons ici l'accroissement continu du suicide :

De 1841 à 1845....	306 suicides.	
1846 à 1850....	341	—
1851 à 1855....	402	—
1856 à 1860....	446	—
1861 à 1865....	453	—
1866 à 1870....	472	—
1871 à 1875....	448	—

La période de 1871 à 1875 nous offre une diminution sensible sur les précédentes; cependant ce mouvement descendant, attribué par les économistes du pays à l'émigration qui prit à cette époque de grandes proportions, s'arrête vite, et les suicides recommencent à croître.

En 1875	on en compte	448.
1876	—	506.
1877	—	530.
1878	—	544.

De 1876 à 1879 la moyenne a été de 527.

Les chiffres susénoncés contenaient jusqu'en 1863 les suicides du Slesvig-Holstein; la perte de ce duché rend plus considérable encore l'accroissement des suicides.

SUÈDE - NORVÈGE

Un phénomène curieux se produit ici ; ces deux royaumes, unis sous le même roi, et presque soumis au même régime, sembleraient devoir marcher ensemble dans la progression des suicides. Or, ils sont en complet désaccord : tandis qu'en Suède les suicides suivent une marche ascendante, ils décroissent en Norvège d'une façon continue.

Voici, d'ailleurs, les chiffres :

Norvège.

De 1841 à 1845....	138	suicides.
1846 à 1850....	150	—
1851 à 1855....	154	—
1856 à 1860....	145	—
1861 à 1865....	141	—
1866 à 1870....	133	—
1871 à 1875....	134	—
1876 à 1880....	134	—
En 1881..	123	—

Suède.

De 1856 à 1860....	211 suicides.	
1861 à 1865....	302	—
1866 à 1870....	354	—
1871 à 1875....	347	—
1876 à 1880....	414	—

Une nouvelle décroissance se produit en 1881, où nous n'avons plus que 384 suicides.

SUISSE

Ici, le mouvement n'est pas régulier ; tantôt nous remarquons une augmentation, tantôt une diminution ; toutefois, le suicide a fait, dans ces dernières années, de rapides progrès :

1865...........	330 suicides	
1866...........	309	—
1867...........	370	—
1868...........	356	—
1869...........	366	—
1870...........	368	—
1871...........	321	—

1872........... 309 suicides.
1873........... 337 —
1874........... 349 —

Puis, en 1876, 540 et, en 1877, 600. La moyenne de la période de 1876 à 1878 a été de 594.

La période de 1875 à 1880 nous donne une moyenne de 635; 1881 fournit 675, et 1882 688 suicides[1].

Dans les autres pays, les statistiques sur le suicide font défaut totalement ou sont inévitablement inexactes.

Aux Etats-Unis d'Amérique, par exemple, on ne recueille les documents relatifs aux suicides que lors du recensement de la population, et en interrogeant officiellement à ce sujet les familles. Dans les Etats où, comme dans le Massachusetts, les statistiques sont plus soigneusement faites, on retrouve la progression ascendante déjà signalée presque partout en Europe.

Avant de nous occuper de la France, empruntons

1. *Statistique de la Suisse*, LVII, page 80. — Mouvement de la population en Suisse pendant l'année 1882. Berne, 1884.

à M. Legoyt[1] son tableau comparatif des suicides dans les différents pays (année 1876) :

Allemagne	261
Danemark	257
Suisse	215
France	160
Autriche	121
Suède	96
Belgique	87
Angleterre	69
Norvège	55
Hollande	45
Ecosse	37
Italie	37
Finlande	35
Russie	30
Irlande	21
Espagne-Portugal	17

Nous donnons ce tableau comme simplement approximatif, car il est bien évident que le nombre des suicides relevés par la statistique varie entre

1. P. 141.

chaque pays, et que, en Angleterre ou en Russie par exemple, les chiffres précédents sont distancés de beaucoup par la réalité.

FRANCE

Chez nous, nous retrouvons, aussi persistante que chez nos voisins d'outre-Rhin, la progression croissante des suicides; il a pu se produire, par années, quelques faibles oscillations, mais, par périodes quinquennales, nous ne constatons dans cette marche ascendante aucun temps d'arrêt. Voici les chiffres, par périodes de 1827 à 1880, par années depuis 1868 :

De 1827 à 1830....	1,739	suicides.
1831 à 1835....	2,119	—
1836 à 1840....	2,574	—
1841 à 1845....	2,952	—
1846 à 1850....	3,446	—
1851 à 1855....	3,639	—
1856 à 1860....	4,002	—
1860 à 1865....	4,661	—
1866 à 1870....	4,990	—
1870 à 1875....	5,276	—
1876 à 1880....	6,259	—

Et, en comptant maintenant par années, nous trouvons :

En 1868....	5,547	suicides.
1869....	5,114	—

Les années 1870, 1871, comme toutes les années de guerre, nous donnent une diminution dans les suicides :

En 1870....	4,157	suicides.
1871....	4,490	—

Mais la marche ascendante recommence sans interruption cette fois :

1872....	5,275	suicides.
1873....	5,525	—
1874. ..	5,617	—
1875....	5,472	—
1876....	5,804	—
1877....	5,925	—
1878....	6,434	—
1879....	6,496	—
1880....	6,638	—
1881....	6,741	—
1882....	7,213	—
1883....	7,267	—

Voilà où on est actuellement la question; dans tous les pays civilisés, sauf la Hollande et la Norvège, les suicides suivent une progression croissante. Pourquoi? A quelles causes devons-nous attribuer cet entraînement toujours croissant de l'homme vers la mort? Et quel remède pourra, sinon guérir le mal, du moins en atténuer les progrès? Avant de répondre, nous allons interroger successivement les sciences économiques et les sciences médicales.

CHAPITRE II

LES SCIENCES SOCIALES

Le suicide est souvent le produit des crises économiques, qui entraînent pour les particuliers des pertes quelquefois irréparables.

Aussi, verrons-nous, en examinant de près les statistiques, les suicides augmenter dans des proportions considérables après les perturbations financières ou politiques; et, ce qui est un indice de plus, cette augmentation subite porter principalement sur les hommes, plus sensibles aux variations sociales ou politiques.

C'est ainsi, pour ne citer qu'un exemple, qu'à Francfort-sur-le-Mein, où la moyenne des suicides dans les années précédentes avait été de 22, dont

16 hommes et 6 femmes, il y a eu, en 1876, 32 suicides, parmi lesquels 31 hommes !

Reprenons successivement les divers pays, et nous y constaterons la coïncidence des crises économiques avec l'augmentation des suicides.

En Allemagne, où une crise industrielle intense s'est déclarée au lendemain de la guerre de 1870-1871, l'accroissement des suicides entre 1872 et 1877 a été de 60 %. Dans la Saxe royale, la province la plus industrielle de l'Allemagne, l'augmentation a atteint 70,4 %.

En Angleterre, l'année 1876 nous donne un accroissement considérable; or, on sait que l'Angleterre subit cette année-là une crise commerciale.

En Autriche, à la suite de la crise économique qui éclata en 1873, et dont les effets ne sont pas encore conjurés, crise qui amena la liquidation de nombreuses Sociétés financières (*le Krach*), les suicides s'accrurent subitement dans des proportions considérables.

En 1872, il y avait eu 1,677 suicides; en 1873, on en compte 2,463. Et aujourd'hui on compte en Autriche 144 suicides sur un million d'habitants, alors qu'en 1870 la proportion n'était que de 80.

Un auteur autrichien, que cite M. Legoyt, sans

nous en donner le nom, s'exprime ainsi à ce sujet[1] : « Il n'est pas douteux que la crise survenue en mai 1873 a eu une très grande part dans l'accroissement des suicides de cette même année. En voici la preuve : en 1871 on trouve jusqu'à la fin d'avril 48 suicides ; puis, de mai à décembre inclusivement, 43 ; en 1872, dans la même période, 44 et 97 ; en 1873, 43 et 109. Dans les quatre premiers mois de 1874, pendant lesquels la crise a atteint son maximum d'intensité, on constate 73 suicides, au lieu de 48, 44, 43, dans la même période de trois années précédentes. En 1874, le total des suicides dans la même ville (Vienne) monte à 216 (153 en 1873). Au premier rang des motifs déterminants on voit figurer (symptôme significatif !) la perte des moyens d'existence ! »

Et nous constatons ici, comme tout à l'heure à Francfort-sur-le-Mein, que le suicide frappe plus souvent sur les hommes que sur les femmes. La proportion qui, en 1872, était de 20,23 femmes pour 100 suicides, est descendue à 18,19 en 1874, et n'est plus que de 16,07 en 1877.

En Belgique, la crise économique en 1876 produit

1. Legoyt, *Suicide ancien et moderne*, p. 257.

une augmentation considérable dans le nombre des suicides. En 1875, on signalait 336 suicides; il y en a eu 439 en 1876 et 479 en 1877. Il y avait, en 1875, sur un million d'habitants, 68,5 suicidés; en 1876, il y en eut 81.

En France, l'augmentation que nous avons signalée ailleurs doit, d'après M. Legoyt[1], être attribuée « à une situation économique et morale particulière, et dont les éléments sont aussi nombreux que compliqués ».

Les catastrophes financières de l'année 1881 ont amené un accroissement considérable du chiffre des suicides; à Paris surtout on a ressenti vivement les effets du *krach* au point de vue du suicide.

En Hollande, où les crises financières ou politiques n'existent pas, le suicide reste, comme nous l'avons déjà vu, absolument stationnaire.

Les crises politiques ont, comme les crises économiques, une grande influence sur le suicide; ici encore une preuve de plus que c'est dans la politique qu'il faut chercher la cause de l'augmentation, c'est que les hommes sont frappés en plus grand nombre que les femmes.

1. Legoyt, *loc. cit.*, p. 133.

Nous avons déjà signalé, pendant la Révolution française, l'épidémie de suicide qui suivit la chute des Girondins. A l'avènement des Bourbons, la chute de Napoléon Ier amena une recrudescence de suicide ; beaucoup de fidèles de l'empereur se frappèrent pour ne pas survivre à sa fortune.

En 1830, en 1848, en 1852, nous retrouverions le même accroissement dans le nombre des suicides ; et, ce qu'il y a de particulièrement remarquable, c'est que ce n'est qu'au lendemain de la perturbation politique, lorsqu'on peut se rendre un compte exact des désastres qui en ont résulté, que cet accroissement se fait sentir ; pendant la période de fièvre où l'événement se produit, il y a plutôt une tendance à la baisse.

« Les suicides, dit Falret[1], sont encore plus nombreux quand le calme est rétabli, parce que la cause de l'excitation étant passée ou suspendue, on peut juger plus sainement des atteintes portées à nos plus chères affections, à notre fortune, à notre bonheur. »

En 1851, pour ne prendre qu'un exemple, le nom-

1. *Du Suicide et de l'Hypocondrie ; considérations sur ces maladies, leur siège, les moyens d'en arrêter les progrès.* Paris, 1822.

bre des suicides était de 3,598; le coup d'État de décembre survient, et les suicides s'élèvent au nombre de 3,674 en 1852. En 1853, l'impression première étant effacée, ou tout au moins atténuée, nous n'enregistrons plus que 3,415 suicides.

Tous ceux qui se sont occupés de cette question sont unanimes à reconnaître cette influence énorme des crises politiques sur le suicide, et de signaler l'existence de ces épidémies de morts volontaires qui en sont, pour ainsi dire, la conséquence nécessaire.

« Il est reconnu, dit M. E. Leroy[1], que l'influence, soit des événements politiques, soit des désastres qui frappent une contrée, une nation se traduit moins par une augmentation immédiate des suicides, que par l'accroissement, dans les années suivantes, des cas d'aliénation mentale dont un certain nombre se termine par le suicide. »

Le docteur Ebrard[2] n'est pas moins explicite : « Il est des époques où la sensibilité est exaltée, pervertie par un grand nombre d'impressions exces-

1. *Etude sur le suicide et les maladies mentales dans le département de Seine-et-Marne.* Paris, 1870.

2. *Du suicide considéré au point de vue médical*, etc. Avignon, 1870.

sives, par des espérances déçues, par des souvenirs amers, par une suite de contrastes qui exagèrent la susceptibilité du système nerveux. Telle est surtout la puissance des événements et des changements politiques considérables, des grandes calamités, à la suite desquelles il s'établit une succession rapide et une grande variété dans les impressions. Cette exaltation de la sensibilité donne aux désirs une si grande violence, qu'on n'admet point de milieu entre le dégoût de la vie et l'impuissance de les satisfaire. »

M. A. Legoyt[1] se rallie à cette opinion unanimement admise, et cite de nombreux auteurs à l'appui[2].

1. *Loc. cit.*
2. P. 253 et suiv.

CHAPITRE III

LES SCIENCES MÉDICALES

Le suicide est une maladie de l'humanité, avons-nous dit en commençant cette étude ; les sciences médicales nous fourniront la preuve certaine que nous n'avons avancé ce fait qu'à bon escient. Le suicide est une maladie, une maladie morale, contagieuse et héréditaire, soumise aux influences des climats, des milieux et des saisons. Nous n'entrerons pas ici dans l'examen détaillé des diverses causes qui peuvent développer cette maladie ; nous n'établirons point la statistique comparée des suicides chez les hommes et chez les femmes, suivant l'âge, suivant la fortune, suivant les conditions journalières de la vie. M. A. Legoyt, dans son étude sur le suicide, que nous avons fréquemment invoquée, a consacré un chapitre à ces différentes variations, et nous renvoyons à ces pages éloquentes ceux qui sont curieux d'approfondir ce problème[1].

Nous voulons seulement prendre les caractères principaux d'hérédité et de contagion, et démontrer qu'on les rencontre tous deux chez les morts volontaires.

Occupons-nous d'abord de la contagion. On a remarqué que, lorsqu'un crime retentissant se perpétrait, il était toujours suivi d'une série de crimes accomplis dans des conditions identiques; nous avons enregistré, dans ces dernieres années, une suite ininterrompue d'attentats où le vitriol jouait le principal rôle. Il y a quelque temps seulement, la mode était chez les meurtriers de dépecer leur victime et d'en multiplier les lambeaux.

Il existe de même des épidémies de suicides; nous avons rapporté, d'après Montaigne, les suicides multipliés des jeunes filles de Milet; et Plutarque nous a fourni l'exemple des philosophes égyptiens se tuant après avoir entendu les leçons d'Hégésias.

1. Voir, d'ailleurs, les pièces justificatives.

A Athènes, on montrait aux visiteurs un arbre où venaient se pendre les désespérés ; Esquirol rapporte que dans l'Inde, et autrefois en France, à la suite d'épidémies de peste noire, il y eut des épidémies de suicides.

Des épidémies de suicides sont signalées à Versailles en 1793 (1,300 victimes), à Rouen en 1806, à Stuttgard en 1811, en 1813 dans le Valais.

Tout le monde connaît l'histoire de ces quinze invalides qui, en 1772, se pendirent successivement à un crochet, dans un couloir sombre de l'hôtel ; et nul n'a oublié cet ordre du jour de Napoléon Ier à ses troupes, motivé par les suicides successifs d'un grand nombre de soldats du camp de Boulogne (1805) dans la guérite où l'un d'eux s'était pendu ; la guérite brûlée, il ne se produisit au camp aucune mort volontaire. La colonne Vendôme était réputée à Paris comme un lieu propre au suicide, et, en fait, les suicides s'y sont multipliés dans de telles proportions, qu'en 1881 on a dû en interdire l'accès au public.

Le suicide est non seulement contagieux, mais héréditaire : les exemples célèbres sont assez rares, mais les statistiques nous en signalent un grand nombre.

Notons cependant le suicide de Camille Babeuf (1814), dont le père s'était tué en 1797, et celui du fils de Prévost-Paradol, qui se tua en 1877 ; son père s'était, on s'en souvient, suicidé, en 1870, aux Etats-Unis.

Les auteurs sont à peu près d'accord sur ce sujet, et constatent l'hérédité du suicide.

« La propension du suicide, dit M. Mandsley, s'acquiert par l'hérédité comme certains tics qui se retrouvent chez les membres d'une même famille. Elle peut bien demeurer latente et assoupie, tant que l'individu a la vigueur et la santé, et que tout va au gré de ses vœux ; mais que l'énergie de ses nerfs soit épuisée, que la tonicité de son système soit affaiblie par une cause quelconque, alors la tendance funeste entre en activité, et peut se développer jusqu'à acquérir une force convulsive. Dans cet état il semble qu'elle soit indépendante des opérations de l'esprit, qui demeure, d'ailleurs, raisonnable ; on dirait qu'un démon s'est emparé du malade et le fait agir en dépit de sa raison et de sa volonté[1]. »

1. *Leçons de médecine légale à l'University College* (Londres).

Le docteur Ebrard est d'un avis analogue[1]. « Les exemples d'hérédité du suicide sont très nombreux; tous les auteurs en ont cité; nous n'aurions nous-même que l'embarras du choix. Parmi les faits désolants de cette nature, nous en avons recueilli plusieurs où les parents s'étaient suicidés, avaient fait des tentatives de suicide, ou avaient eu à lutter douloureusement contre des idées de mort. »

M. Brière de Boismont[2] est plus explicite encore : « L'influence de l'hérédité, dont nous venons de signaler plusieurs faits généraux, est, dit-il, incontestable dans le suicide. Le plus ordinairement, la transmission a lieu par le père et par la mère; elle peut remonter jusqu'aux aïeux et venir même des branches collatérales. Le genre de vie des parents, leurs maladies, leur âge lors de la conception, leurs habitudes, leur tempérament, leurs vices, dans lesquels l'ivrognerie a une part énorme, contribuent puissamment à la prédisposition au suicide..... Souvent même, plusieurs générations subissent ainsi les conséquences de la faute d'un seul... Il suffit de parcourir les traités spéciaux pour recueillir

1. *Loc. cit.*
2. *Du suicide et de la folie-suicide*. Paris, 1865.

de nombreux exemples de l'hérédité du suicide. (L'auteur cite Esquirol, Gall, Falret, Muller, Moreau (de Tours) et Marc Ellis). Pour notre part, nous avons recueilli plusieurs faits d'individus dont les parents s'étaient suicidés qui, à leur tour, avaient fait des tentatives ou avaient eu des idées de mort. » Et, faisant appel à son expérience personnelle, il cite onze suicidés, sur lesquels cinq avaient eu des pères et frères qui s'étaient tués, six des mères ou sœurs mortes de mort volontaire.

Le docteur Lisle donne moins de place à l'influence héréditaire; il croit y voir, le plus souvent, une simple imitation, une contagion, par conséquent. M. A. Legoyt semble se rallier à cette opinion.

Quoi qu'il en soit, et quelle que soit la place que l'on mesure à l'hérédité, elle a une influence incontestable sur le suicide.

Le suicide se présente souvent à nous sous la forme d'une monomanie; il n'y a qu'à consulter les statistiques et, au besoin, les faits-divers des journaux, pour se convaincre que, souvent, ceux qui attentent, sans succès, à leurs jours, recommencent plusieurs fois leur tentative, en proie à de véritables crises de suicide, comme d'autres à des crises de folie.

CHAPITRE IV

CONCLUSIONS

Nous avons maintenant étudié le suicide sous ses multiples aspects, dans ses manifestations diverses; il ne nous reste qu'à conclure et à rechercher dans quelle mesure l'homme doit être rendu responsable de cette mort qu'il se donne, quel droit la société peut revendiquer contre celui qui attente à ses jours, et aussi quels devoirs lui incombent.

Et d'abord, écartons toutes les dissertations philosophiques sur ce sujet; ne nous laissons point entraîner à discuter ici les théories exposées si souvent par les moralistes et les poètes, ou jetées en pâture à la sentimentalité des foules par les auteurs dramatiques de tous les temps.

Prenons l'homme; supposons-le, pour un instant, responsable de ses actes, agissant en pleine connaissance de cause, en dehors de toute influence extérieure paralysant momentanément sa raison, et demandons-nous s'il a le droit de s'ôter la vie.

Ecartons même la question, cependant si lucide à notre avis, de savoir si l'homme, dont le rôle est de vivre, a le droit de se frapper et de se détruire lui-même; ne discutons pas sur les devoirs qui lui incombent vis-à-vis du Créateur et qui servent d'argument principal aux théologiens de toutes les époques et de toutes les religions. Envisageons l'homme dans les conditions normales de la vie, au milieu de la société dont il est un des membres, et demandons-nous s'il lui est permis de se soustraire à ce lien social.

M. E. About, dans son admirable livre, trop peu connu, *le Progrès*, nous donne une réponse concluante : « Nous tuer, dit-il, est-ce notre droit? La reconnaissance seule devrait nous le défendre[1]. Au milieu des innombrables causes de destruction qui nous menacent, ce n'est ni la douceur des climats, ni la fertilité des terroirs, ni l'abondance des

1. P. 69 et suiv.

produits naturels qui nous permettent de vivre quelques années sur la terre : c'est l'organisation étroite et logique de la société. Les sauvages de l'Amérique du Sud vivent sous un climat d'une douceur incomparable ; ils foulent un terrain où la couche d'humus a souvent dix mètres de profondeur. La banane, qui peut nourrir jusqu'à cent hommes sur un hectare, croît naturellement sous leurs mains, et la durée moyenne de leur existence est de douze à treize années ! C'est qu'ils ne pratiquent et ne comprennent que l'organisation élémentaire de la tribu. Les Anglais naissent dans le froid et le brouillard, sur un sol qui ne produit spontanément que de l'herbe et des chênes ; leur vie moyenne est de trente-neuf ans ! Un Anglais vit trois fois plus qu'un sauvage, parce qu'il trouve dans son berceau un petit papier invisible, une action de la grande société britannique.

« Nous vivons aussi trente-neuf ans, et par une raison de même nature. Notre existence moyenne n'était que de vingt-huit ans trois quarts en 1789 ; la limite a reculé à mesure que la société se perfectionnait. »

Et ailleurs, M. About montre que l'homme ne peut s'acquitter de la dette qu'il contracte en naissant envers la société qu'à partir de sa vingt-septième année; jusque-là, il ne s'appartient point et doit compte à la société des avances qu'elle lui a faites.

Quelle démonstration plus irréfutable pourrait-on faire de notre thèse, que l'homme ne saurait avoir le droit de se tuer et de s'arracher ainsi aux devoirs de la vie?

On pourrait invoquer la puissance divine qui mesure à l'homme sa vie dès son berceau, et ne lui donne pas le droit de se soustraire aux épreuves semées sur sa route; on pourrait démontrer qu'au fond le suicide est un acte de lâcheté; que celui qui se tue se frappe pour n'avoir point à affronter les misères du monde, et à combattre les dangers qui le menacent, qu'il ne voit dans la mort qu'un petit mal pour un grand bien, et que par suite on ne saurait regarder son acte que comme le produit de la lâcheté ou de la peur.

Mais, pour discuter ainsi sur la légitimité du suicide, il faut toujours en revenir au principe, et admettre que l'homme se tue de sang-froid et en pleine possession de lui-même.

Or, nous ne saurions nous rallier un seul instant à une semblable théorie; nous croyons fermement que celui qui se tue, que celui qui affronte cette inconnue qui s'appelle la mort, et s'embarque lui-même pour ce voyage « d'où l'on ne revient jamais », n'est pas — par suite, sans doute presque toujours, d'une circonstance fortuite — en pleine possession de sa raison : c'est un fou d'un genre spécial, mais c'est un fou.

Et, de fait, nous avons déjà vu, en étudiant les conclusions des sciences médicales, que comme la folie, le suicide pouvait être contagieux, héréditaire, soumis à des crises renouvelées et intermittentes ; comme la folie, le suicide subit l'influence des saisons, des crises économiques ou autres, l'influence de l'âge ou du sexe ; comme la folie il se répète sous l'influence isolante du système d'emprisonnement cellulaire[1].

Le suicide, comme la folie, est produit par la prédominance d'une idée sur les autres : un événement malheureux frappe un homme ; peu à peu, chaque jour se développent les conséquences funestes de la catastrophe ; chaque jour ainsi entre par un côté nouveau, dans l'esprit de l'homme, ce malheur qui pèse maintenant sur sa vie. Chaque objet est un prétexte à ressouvenir ; il semble que

1. V. J. Arboux, *les Prisons de Paris*. Paris, 1880.

l'idée dominante s'acharne après lui, et l'homme porte en lui un cauchemar vivant. Les impressions extérieures pâlissent devant l'impression interne ; puis elles s'effacent peu à peu ; puis elles s'évanouissent, soit à tout jamais, soit par intervalles ; et l'homme devient fou ou se suicide.

Nous ne croyons pas ici devoir développer la théorie physique de cette évolution cérébrale ; M. Yves Guyot, dans son livre sur le christianisme, a consacré un chapitre à cette transformation du cerveau ; les savants modernes ont consacré de longs ouvrages à étudier et à retracer cette agonie de l'intelligence, qui mène au suicide ou à la folie.

C'est donc une maladie, comme la folie, que le suicide, et, à ce titre, ce n'est pas le Code pénal qui pourra en arrêter les effets ou en prescrire le remède. Qui pense aujourd'hui que l'on peut guérir les fous en les déférant aux tribunaux ? Qui donc pourrait espérer détourner les désespérés du suicide en les faisant tomber sous les coups de la loi ?

Beccaria, dans son *Traité des délits et des peines*[1], donne une irréfutable démonstration de cette vérité que les peines ne sauraient frapper efficace-

1. Ch. XXXII, *du Suicide*

ment ceux qui se suicident : « Le suicide, dit-il, est un délit auquel il semble qu'on ne peut donner un châtiment proprement dit, puisque ce châtiment ne saurait tomber que sur l'innocence ou sur un cadavre insensible et inanimé. Dans ce dernier cas, le supplice ne produira sur les spectateurs que l'impression qu'ils éprouveraient en voyant battre une statue ; dans le premier cas, il sera injuste et tyrannique, puisque, où les peines ne sont pas purement personnelles, il n'y a point de liberté. Craindra-t-on que la certitude de l'impunité ne rende ce crime trop commun? Non, sans doute. Les hommes aiment trop la vie ; ils y sont trop attachés par les objets qui les environnent ; ils tiennent trop aux douceurs que leur offre l'image séduisante du plaisir et l'espérance, cette aimable enchanteresse qui, de sa main bienfaisante, distille quelques gouttes de bonheur sur la liqueur empoisonnée des maux que nous avalons à longs traits. Celui qui craint la douleur obéit aux lois ; mais la mort détruit toute sensibilité. Quel sera donc le motif qui arrêtera la main forcenée du suicidé prêt à se percer? »

Et, plus loin, il n'est pas moins énergique : « C'est un crime devant Dieu, qui le punit après la mort, parce que lui seul peut punir ainsi. Mais ce n'en doit pas être un devant les hommes, parce que le châtiment, au lieu de tomber sur le coupable, ne tombe que sur son innocente famille. Si l'on m'objecte, cependant, que cette peine peut encore arrêter un homme déterminé à se donner la mort, je réponds que celui qui renonce tranquillement aux douceurs de l'existence, et qui hait assez la vie pour lui préférer une éternité malheureuse, ne sera sûrement pas ému par la considération, éloignée et peu efficace, de la honte qui va rejaillir sur ses enfants ou sur ses parents. »

Quel doit donc être le remède capable de combattre et d'enrayer le mal?

Nous croyons qu'il en est deux : tout d'abord, diminuer les causes qui peuvent pousser l'homme au suicide; empêcher, ensuite, chez l'homme désespéré, cette prédominance exclusiviste du désespoir.

Le meilleur moyen, et le seul efficace pour atténuer et amoindrir les causes du suicide, est de rendre plus douce la condition des hommes; le combat pour la vie, *the struggle for life*, comme on dit de l'autre côté de la Manche, a pris une intensité énorme dans notre siècle, où les inventions multiples de la vapeur, de l'électricité, ont accru si considérablement la valeur relative du temps; et plus le combat est rude, plus il y a de blessés dans la mêlée. C'est pourquoi on signale cette progression croissante et inquiétante des suicides.

La preuve, d'ailleurs, que les difficultés de la vie sont une des causes les plus fréquentes des suicides, c'est que la proportion des suicides est beaucoup plus grande dans les villes que dans les campagnes, beaucoup plus grande chez les pauvres gens des villes que dans les hautes classes de la société.

Comment arriver à donner aux hommes une plus grande somme de tranquillité et de bonheur? Comment aplanir pour tous les routes de l'existence? Problème difficile à résoudre, mais qu'un avenir, plus ou moins prochain, résoudra. Et alors, un grand pas sera fait dans le traitement du suicide dans la société.

Mais, si nous ne pouvons guérir la société qu'après de longues années d'efforts de ce mal social qui la ronge, nous pouvons plus aisément aborder la guérison de l'homme désespéré.

Et cela, en lui ouvrant les yeux; en lui faisant voir qu'auprès de lui, il est d'autres hommes qui désespèrent parfois comme lui, qui doutent souvent, qui ont à vaincre des difficultés semblables à celles auxquelles il est lui-même en butte; en lui montrant que ce n'est pas pour lui seul que la vie est âpre et que tout espoir ne doit pas être perdu pour lui.

Si l'espoir s'éveille, si la pensée qu'il pourra se relever du coup qui l'avait abattu prend place en son cerveau, il est sauvé et ne se suicidera certainement pas.

Il faut donc développer le nombre des pensées de l'homme, il faut donc accroître ses connaissances, le rendre plus apte à comprendre la vie; l'instruction est le meilleur remède contre le suicide.

Déjà, c'est une chose reconnue de la plupart des criminalistes et incontestée aujourd'hui, que l'instruction est un efficace préservatif contre les crimes; mais on pourrait appliquer au suicide ces paroles de Beccaria, que je vais reproduire ici en terminant : « Voulez-vous prévenir les crimes? Que la liberté marche éclairée du flambeau de la science. Si les connaissances produisent quelques maux, c'est lorsqu'elles sont peu répandues, tandis que les biens dont elles sont la source croissent en raison de leur progrès. Un imposteur hardi (qui n'est jamais un homme vulgaire) obtient les adorations d'un peuple ignorant; s'il s'adresse à une nation éclairée, le mépris est son partage.

« Les connaissances facilitent à l'homme les moyens de comparer les objets; elles les lui font considérer sous leurs différents points de vue; elles élèvent dans son cœur des sentiments divers, qu'elles lui apprennent enfin à modifier tour à tour, en lui montrant dans les autres les mêmes aversions et les mêmes désirs.

« Répandez avec profusion les lumières chez un peuple, et bientôt leur aspect bienfaisant fera disparaître l'ignorance et la calomnie; l'autorité, que la raison n'appuyait point, tremblera devant elles, et les lois seules resteront immobiles par leurs propres forces, invariables comme la vérité. »

Pour combattre le suicide, que la liberté marche aussi, éclairée du flambeau de la science!

NOTES

ET

DOCUMENTS JUSTIFICATIFS

Extraits du Compte général de la justice criminelle en France pour l'année 1880.

Le nombre moyen annuel des suicides a suivi, depuis 1827, une marche incessamment progressive.

1827-1830,	1,739	suicides,	c'est-à-dire	5 par	100,000 habit^{s}.
1831-1835,	2,119	—	—	6	—
1836-1840,	2,574	—	—	8	—
1841-1845,	2,951	—	—	9	—
1846-1850,	3,446	—	—	10	—
1851-1855,	3,639	—	—	10	—
1856-1860,	4,002	—	—	11	—
1861-1865,	4,661	—	—	12	—
1866-1870,	4,690	—	—	13	—
1871-1875,	5,276	—	—	15	—
1876-1880,	6,259	—	—	17	—

Bien que les suicides accomplis dans le département de la Seine, en 1870, n'aient pu être compris dans les relevés ci-dessus, le chiffre de la période 1866-1870 est supérieur à celui de la période précédente. La tendance à l'accroissement semble s'accentuer encore, si l'on en juge par les nombres des cinq dernières années : 5,804 en 1876, 5,922 en 1877, 6,434 en 1878, 6,496 en 1879, et 6,638 en 1880.

La carte graphique, planche II, fait connaître pour chaque département quel a été le rapport du nombre des suicides à sa population moyenne, de 1830 à 1879. Le département de la Seine y occupe le premier rang avec 39 suicides pour 100,000 habitants; il fournit, du reste, régulièrement un sixième des suicides. En 1880, sur 6,638 de ces faits dénoncés aux autorités judiciaires, 1,146 appartenaient à ce département.

En second lieu viennent les départements voisins de la capitale, l'Oise, la Marne, Seine-et-Marne, Seine-et-Oise; pour lesquels la proportion est de 28 suicides pour 100,000 habitants; celle-ci est de 21 dans l'Aisne, de 19 dans l'Aube, de 18 dans la Seine-Inférieure, et de 17 dans le Var et Eure-et-Loir. Dix-huit départements ont une moyenne variant de 16 à 12; un seul, celui de la Charente, offre une proportion égale à celle de toute la France : 11 %. Enfin les 57 autres départements donnent un chiffre inférieur à cette moyenne générale. En Corse, dans l'Aveyron et l'Ariège, on n'a compté, par an, de 1830 à 1879, que 2 suicides par 100,000 habitants.

C'est seulement en 1836 que la statistique des suicides a pris un certain développement. Jusqu'à cette époque, les comptes ne relataient que le chiffre total par département. On trouvera dans les tableaux annexes 18 et 19[1] les chiffres moyens annuels des suicidés par sexe, âge et profession, ainsi que ceux des suicides eu égard aux saisons dans lesquelles ils ont été commis, aux moyens employés et aux causes probables. Si l'état civil et le domicile des suicidés n'y figurent pas, c'est parce que ces renseignements n'ont été introduits, pour la première fois dans nos comptes, qu'en 1866.

SEXE

Les deux sexes ont concouru à l'augmentation signalée, mais dans une mesure inégale; la part des hommes y est plus grande.

Sur 100 suicides commis annuellement, de 1836 à 1840,

1. Se reporter au *Compte général de la justice criminelle en France pour l'année* 1880, pp. XLVIII et XVIX.

près des trois quarts, 74 %, avaient été commis par des hommes, et de 1876 à 1880, la proportion atteint presque les huit dixièmes, 79 %. Par rapport à la population recensée en 1876, on compte 27 suicides pour 100,000 habitants du sexe masculin et 7 seulement pour 100,000 femmes.

AGE

Si l'on envisage les suicides de 1836 à 1880 au point de vue de l'âge de leurs auteurs et sans distinction de sexe, on observe ceci : les suicides des enfants mineurs de vingt et un ans ne sont pas proportionnellement plus nombreux aujourd'hui qu'autrefois, ils forment le vingtième de l'ensemble; ceux des individus âgés de vingt et un à quarante ans, au contraire, le sont moins : 26 % en 1876-1880 au lieu de 36 % en 1836-1840; la proportion des suicides accomplis de quarante à soixante ans est restée à peu près la même : 37 % d'une part et 39 % de l'autre; mais les suicides des individus âgés de plus de soixante ans, qui formaient à peine un cinquième du tout en 1836-1840 (21 %), constituent en 1876-1880 les trois dixièmes : 30 %.

Il résulte des rapprochements avec la population générale que la propension au suicide s'accroît avec l'âge, ainsi que le démontre le nombre de suicides que l'on compte, chaque année, par 100,000 habitants de sexe et d'âge correspondants.

	Hommes.	Femmes.
7 à 16 ans	1	1
16 à 21 —	10	6
21 à 40 —	15	7
40 à 60 —	28	11
60 à 70 —	41	15
70 ans et plus	75	17

En pénétrant plus avant dans les détails de la statistique, on constate avec un profond regret l'augmentation du nombre des suicidés d'enfants âgés de moins de seize ans : de 19 seulement, année moyenne, pour 1836-1840, il est successivement monté jusqu'à 50 en 1876-1880. Le chiffre réel de cette dernière période a été de 252, s'appliquant à des enfants qui avaient : 103, quinze ans; 66, quatorze ans; 40, treize ans; 21, douze ans; 12, onze ans; 4, dix ans; 4, neuf ans; 1 huit ans, et 1, sept ans.

Pour les individus ayant dépassé soixante ans, la progression est encore plus sensible : 256 %, tandis que, pour les mineurs de seize ans, elle n'est que de 168 %. Elle a été de 160 % pour les suicidés âgés de quarante à cinquante ans, de 90 % pour ceux qui avaient de seize à vingt et un ans, et de 79 % seulement pour les individus âgés de vingt et un à quarante ans.

La précocité de la femme dans le suicide ressort de ce fait que, sur 100 femmes qui se sont donné volontairement la mort de 1876 à 1880, on en compte 9 qui n'avaient pas encore atteint leur vingt et unième année, tandis que la proportion correspondante pour les hommes n'est que de 4 %, plus de la moitié moindre.

ÉTAT CIVIL

D'après les chiffres réels et proportionnels pris dans leur ensemble, le plus grand nombre de suicides se trouve parmi les gens mariés : 2,803 en moyenne, de 1876 à 1880, sur 6,065 pour lesquels l'état civil des victimes a pu être connu, c'est 46 %; les célibataires ne viennent qu'après : 2,202 ou 36 %, puis les veufs : 1,060 ou 18 %. Mais ces proportions se présentent en sens absolument inverse, si l'on établit le rapport des chiffres ci-dessus à ceux des mêmes classes de la population générale, en retranchant toutefois du total des célibataires les hommes ayant moins de dix-huit ans et les femmes ayant moins de quinze ans. Ce résultat s'applique aux deux sexes :

HOMMES

Mariés........	2,176 ou 46 % soit	29	Sur 100,000 hommes de même condition.
Célibataires ..	1,822 ou 38 % —	49	
Veufs	751 ou 16 % —	76	

FEMMES

Mariées......	626 ou 48 % soit	8	sur 100,000 femmes de même condition.
Célibataires..	380 ou 29 % —	1[illegible]	
Veuves.......	310 ou 23 % —	15	

Le dénombrement de la population n'indiquant pas si les époux et les veufs ont, ou non, des enfants, il est impossible de rechercher si la présence d'enfants dans la famille favorise ou prévient le suicide des père et mère. On ne peut, sur ce point, que comparer les deux sexes d'après la statistique criminelle seule : sur 100 hommes mariés ou veufs qui se sont suicidés, 65 avaient des enfants ; parmi les femmes on n'en compte que 59 %.

PROFESSION

Toutes les classes de professions ont participé à l'accroissement, et leur distribution proportionnelle a très peu varié. Les six groupes adoptés pour les suicidés sont les mêmes que pour les accusés ; ils se classent dans l'ordre suivant, eu égard au nombre de suicides par rapport à la population de la même catégorie :

Agriculture....................	12	suicides par 100,000 habitants de même profession.
Industrie.....................	19	
Commerce.....................	13	
Domestiques...................	29	
Professions libérales..........	55	
Sans profession ou profession inconnue..................	235	

Maintenant, laissant de côté le sixième groupe, on apprend par l'analyse des tableaux du compte que, sur 100 hommes qui se suicident, 38 sont cultivateurs, 32 travaillent dans l'industrie, 16 exercent des professions libérales ou sont propriétaires et rentiers, 10 appartiennent au commerce et 4 à la domesticité. En ce qui concerne les femmes, les trois premières catégories conservent leur rang, mais avec les proportions de 44 %, 28 % et 12 %; les femmes commerçantes ne donnent que 5 suicides sur 100, tandis que celles qui sont domestiques en fournissent 11.

DOMICILE

Le domicile de 6,194 suicidés, de 1876 à 1880, a été mentionné dans les procès-verbaux; il était urbain pour 3,285, et rural pour 2,909; ce qui laisserait supposer que les suicides sont plus fréquents dans les campagnes que dans les villes; mais comme la population rurale de la France est de 24,934,334 habitants, quand la population urbaine n'est que de 11,971,454 habitants, il s'ensuit que la première ne présente réellement que 13 suicides par 100,000 habitants, tandis que la seconde en offre 24. Ces constatations ne font, d'ailleurs, que confirmer un fait qui se produit partout et toujours.

SAISONS

La répartition des suicides par saisons est toujours la même; c'est au printemps qu'on en compte le plus, 30 %, puis en été 27 %, et en hiver 23 %; c'est pendant l'automne qu'on en voit le moins, 20 %. Cette régularité est telle que, de 1836 à 1880, il n'y a jamais eu, d'une période à l'autre, plus de 2 centièmes de différence. Il est assez intéressant de comparer, à ce point de vue, les attentats sur soi-même avec les attentats sur autrui. De 1830 à 1869, les comptes généraux ont relevé la date des crimes, quand la procédure l'indiquait; ce qui n'arrivait que dans les deux tiers des cas. Or, sur 100 crimes contre les personnes, 28 avaient été commis au printemps, 27 en été, 23 en hiver, et 22 en automne. Ainsi, l'ordre est le même que pour les suicides, et les proportions sont presque identiques.

MODE DE PERPÉTRATION

D'après la réduction en nombres proportionnels des chiffres du tableau annexe 19, page CLIX[1], la pendaison, qui est préférée comme genre de mort 43 fois % de 1876 à 1880, n'avait été employée que 30 fois sur 100 de 1836 à 1840. La submersion et l'arme à feu, au contraire, sont repoussées plus souvent de nos jours qu'il y a quarante ans; les proportions sont descendues de 33 et 17 % à 19 et 11 %. Les autres moyens de se donner la mort sont toujours mis en usage dans la même mesure.

La femme recourt moins souvent que l'homme à la pendaison : 30 % au lieu de 46 %; mais elle se noie volontairement 42 fois sur 100, tandis que l'homme n'use de ce dernier moyen que 26 fois sur 100. Il y a des modes d'exécution des suicides qui sont pour ainsi dire spéciaux à un sexe, comme l'usage d'une arme à feu pour l'homme et l'asphyxie par le charbon pour la femme : la moitié des suicides accomplis à l'aide de ce dernier moyen l'ont été dans le département de la Seine.

MOTIFS PRÉSUMÉS

Des auteurs et des médecins dont la compétence ne saurait être mise en doute se sont élevés contre la prétention de la statistique d'indiquer les motifs présumés des suicides. Ils pensent que, dans l'espèce, non seulement il est très difficile de connaître l'absolue vérité, mais que la cause réelle du suicide est souvent cachée par les témoins intéressés. Sans rechercher ce que ces critiques peuvent

1. Voir les comptes généraux de la justice criminelle en France pour 1880.

avoir de fondé, je pense que l'enquête à laquelle procèdent les magistrats est faite avec un soin suffisamment scrupuleux pour que les résultats en soient acceptés avec confiance, et qu'il vaut encore mieux les publier sans discussion que de laisser sous silence un élément sérieux d'étude pour ceux qui s'intéressent à cette question. Les difficultés dont il s'agit ne sont pas particulières à la France, et cependant les statistiques de presque tous les pays contiennent un tableau analogue au nôtre sur les motifs présumés des suicides.

Le tableau annexe 19, page CLIX, ne reproduit pas la nomenclature complète des causes auxquelles ont paru devoir être attribués les suicides portés à la connaissance du ministère public pendant les quarante-cinq années de 1836 à 1880 ; il les divise en neuf catégories, présentant chacune un intérêt bien distinct. On y retrouve plusieurs des circonstances qui conduisent au crime : la débauche, l'ivrognerie, la misère, les dissensions domestiques, etc. Parmi elles, il n'y a que l'amour contrarié qui ne paraisse pas avoir contribué à l'accroissement ; proportionnellement même, la réduction est notable : de 11 à 4 %; mais toutes les autres causes ont produit, d'année en année, plus de suicides. La constatation la plus triste, dans ce sombre tableau, est relative aux maladies cérébrales et à l'ivrognerie. Pour les suicides dus à l'aliénation mentale, l'augmention, de 1836 à 1880, se chiffre par 188 %, et celle des suicides provoqués par l'alcoolisme s'élève à 483 %, près du quintuple. Et ce dernier chiffre serait bien plus considérable si l'on pouvait y comprendre les suicides imputés à l'aliénation mentale, et qui, en réalité, proviennent de l'abus des boissons. Il résulte, en effet, des documents les plus autorisés que la proportion des cas de folie déterminés par l'excès des spiritueux, qui n'était que de 7 % admissions dans les hospices d'aliénés en 1838, est actuellement de 14 %.

La misère et les revers de fortune font plus de victimes

parmi les hommes (14 %) que parmi les femmes (6 %); celles-ci sont plus accessibles aux chagrins de famille (17 %) que ceux-là (14 %); il en est de même de l'amour contrarié et de la jalousie, qui entraînent 7 suicides sur 100 pour la femme et 3 % seulement pour l'homme. Les souffrances physiques éprouvent les deux sexes dans une proportion presque identique : hommes 16 %, femmes 15 %; l'aliénation mentale se termine plus fréquemment par le suicide chez la femme (44 %) que chez l'homme (29 %).

On compte, en moyenne, par an, 400 suicides dont les causes présumées sont demeurées complètement inconnues.

Extraits du Compte général de la justice criminelle en France pour l'année 1881.

Les suicides connus sont, de la part des autorités judiciaires, l'objet d'enquêtes minutieuses dont les résultats sont consignés avec soin dans la statistique, pour servir aux études des médecins aliénistes. Leur nombre, malheureusement, va toujours en augmentant; il s'est accru de plus de moitié (51 %) en vingt ans. En 1861, il était déjà de 4,454, ou 11 pour 100,000 habitants; en 1881, il est de 6,741, ou 18 par 100,000 habitants. Près du cinquième de ces suicides (1,188 ou 18 %) ont été accomplis dans le département de la Seine; c'est 42 pour 100,000 habitants.

Note. — Le remarquable document juridique auquel nous empruntons ces extraits, et qui a jeté un jour éclatant sur l'administration de la justice et l'état de la criminalité dans notre pays depuis 1861, a été publié à l'instigation de M. Humbert, alors garde des sceaux. (Imprimerie nationale, 1882.)

Les départements où l'on compte le plus de suicides, après celui de la Seine, sont : Seine-et-Oise, 233 ; la Seine-Inférieure, 230 ; les Bouches-du-Rhône, 193 ; le Nord, 189 ; l'Oise, 184 ; l'Aisne, 161 ; la Marne, 160 ; le Pas-de-Calais, 158 ; la Somme, 152 ; Seine-et-Marne, 142 ; le Rhône, 128 ; l'Eure, 115, et Eure-et-Loir, 102, soit 36 pour 100,000 habitants. Ceux qui en présentent le moins sont : les Hautes-Alpes, l'Aveyron, le Cantal et l'Ariège, chacun 13 ; les Hautes-Pyrénées, 12 ; le Lot, 11 ; la Corse, 8 ; la Lozère et la Haute-Loire, chacun 6, soit, pour ces deux derniers départements, 4 et 2 pour 100,000 habitants.

SEXE

Des 6,741 suicides commis pendant l'année, 5,286 (78 %) l'ont été par des hommes, et 1,455 (22 % par des femmes. Ces dernières ont donc une propension plus marquée au suicide qu'au crime et au délit, car elles ne figurent dans le total des accusés et des prévenus que pour 13 ou 14 %.

AGE

Il a été impossible de préciser l'âge de 132 suicidés. Les autres se distribuent comme suit, à ce point de vue :

Agés de moins de vingt et un ans..........	307	(4 %)
— de vingt et un ans à quarante ans....	1,781	(27 %)
— de quarante à soixante ans...........	2,435	(37 %)
— de soixante à soixante et dix..........	1,237	(19 %)
— de soixante et dix à quatre-vingts.....	668	(10 %)
— de plus de quatre-vingts ans..........	181	(3 %)

Pour avoir une idée exacte de la tendance respective de chacune de ces classes de la population au suicide, il importe de rapprocher les chiffres de la statistique de ceux du recensement. Il en résulte que pour les deux sexes cette tendance s'accentue avec l'âge. Négligeant les enfants de moins de seize ans, voici le nombre proportionnel des suicides pour 100,000 habitants de même sexe et de même âge :

	Hommes	Femmes
Seize à vingt et un ans....................	10	6
Vingt et un à quarante ans............	26	8
Quarante à soixante ans...............	47	12
Soixante à soixante et dix ans.........	75	17
Soixante et dix à quatre-vingts ans.....	83	19
Plus de quatre-vingts ans..............	105	22

ÉTAT CIVIL

Les célibataires fournissent plus du tiers des suicides : 2,330 (35 %) ; les gens mariés près de la moitié, 2,967 (46 %), et les veufs près d'un cinquième, 1277 (19 %) ; l'état civil de 167 suicidés n'a pu être établi.

Les deux dernières proportions sont en sens inverse, si on rapproche les chiffres réels de la population correspondante ; on ne trouve plus que 20 suicides pour 100,000 habitants mariés, tandis qu'on en compte 43 pour 100,000 veufs ; quant aux célibataires, si l'on défalque du dénombrement les filles âgées de moins de quinze ans et les garçons âgés de moins de dix-huit, on arrive à 30 suicides pour 100,000 habitants non mariés ni veufs.

PROFESSIONS

Les 6,741 suicides peuvent se diviser en six groupes, eu égard aux professions qu'exerçaient ceux qui ont eu recours à ces actes de dernière extrémité :

Agriculture........................	2,122	(32 %).
Industrie..........................	2,052	(30 %).
Commerce.........................	877	(10 %).
Domestiques.......................	342	(5 %).
Professions libérales............	945	(14 %).
Sans profession indiquée.......	633	(9 %).

Ainsi, le nombre réel des suicides constatés est à peu près le même pour la population agricole et pour la population industrielle; cependant, celle-ci est deux fois plus nombreuse sur la première; aussi, la comparaison avec le recensement de 1881 donne-t-elle 22 suicides pour 100,000 habitants vivant de l'industrie, au lieu de 11 pour le même nombre d'habitants occupés aux travaux des champs.

DOMICILE

Ces données se trouvent confirmées par celles qui concernent le domicile des suicidés; 54 % de ceux-ci (3,580) habitaient la campagne, et 46 % (3,000) la ville; le domicile de 161 est ignoré. Mais il ressort du rapprochement, avec la population rurale ou urbaine, que celle-ci donne 25 suicides pour 100,000 habitants, tandis que l'autre n'en fournit que 11.

MODE DE PERPÉTRATION

La pendaison et la submersion sont toujours les moyens le plus fréquemment employés pour se suicider; 2,908 ou 43 %, et 1,934 ou 28 %; mais les femmes adoptent six fois sur dix le dernier, 639 au lieu de 428. L'usage d'une arme à feu est presque exclusivement réservé au sexe masculin : 794 hommes et 23 femmes y ont eu recours. Les deux cinquièmes des suicides par asphyxie à l'aide du charbon ont été accomplis par des femmes, 202 sur 499. La chute volontaire d'un lieu élevé se chiffre par 186, l'emploi d'instruments aigus ou tranchants par 166 et le poison par 136. Les 95 autres suicides ont été commis par les moyens suivants : chute sous un train en marche, 71; sous une voiture, 10; abus volontaire de liqueurs alcooliques, 13; inanition, 1.

SAISONS

C'est, comme par le passé, d'avril à juin qu'il y a eu le plus de suicides : 2,084 (31 %); la saison d'été vient ensuite : 1,790 (27 %); puis l'hiver, 1,449 (22 %); enfin l'automne, 1,378 (20 %).

MOTIFS PRÉSUMÉS

Il a été constaté par les informations officieuses ou par les instructions judiciaires que 2,024 des suicidés (près du tiers, 32 %) étaient atteints de maladies cérébrales; les souffrances physiques ont provoqué 1,072 suicides (17 %), et les chagrins de famille, 938 ou 15 %; l'habitude de l'ivrognerie en a déterminé 884, c'est 14 %; les procès-verbaux en ont attribué 747 ou 12 % à la misère et à des revers de fortune; 227, au désir de se soustraire à des poursuites judiciaires; 191, à l'amour et à la jalousie; 185, à des chagrins de diverses natures, et 75, à la débauche; enfin, dans 398 cas, le motif probable du suicide n'a pas même apparu.

1882

Pour éviter des répétitions inutiles, nous donnerons simplement un résumé de ce qui, dans le *Compte général de la justice criminelle en France* pour l'année 1882, a trait au suicide[1].

La progression constatée dans le nombre des suicides s'est notablement accentuée en 1882 : le nombre des suicides, qui était de 6,741 et 1881, s'est élevé à 7,213; l'accroissement, qui n'avait été que de un à deux pour cent par année jusqu'à 1881, s'élève tout à coup à 7 % de 1881 à 1882. Il y a cinq ans, on comptait 17 suicides par 100,000 habitants; on en compte aujourd'hui 19.

Le département de la Seine fournit presque le sixième du nombre total des suicides, 1,250; c'est 45 par 100,000 ha-

1. Voir le *Compte général* pour 1882, pp. XLII et suiv.

bitants. Cette forte proportion a été également atteinte dans l'Oise; elle a été de 42 dans l'Aube, la Marne et Seine-et-Marne; de 40 dans la Seine-et-Oise : ces cinq départements forment ceinture autour de la capitale avec ceux qui viennent ensuite : l'Aisne, 36, et l'Eure-et-Loir, 35.

La moyenne générale, 19 suicides sur 100,000 habitants, est encore dépassée dans dix-huit autres départements : le Var, 32; la Somme et la Seine-Inférieure, 31; les Bouches-du-Rhône, la Côte-d'Or et l'Eure, 28; le Loiret et l'Yonne, 27; l'Indre-et-Loire, 26; les Basses-Alpes, 25; la Haute-Marne, la Drôme, les Ardennes, 23; le Loir-et-Cher, 21; Vaucluse, le Calvados, la Sarthe et les Alpes-Maritimes, 20; elle représente celle de la Saône-et-Loire, de la Meuse et de la Meurthe-et-Moselle; la proportion varie de 18 à 10 dans 34 départements; enfin, elle est de 9 dans le Gers, le Lot, la Corrèze, l'Aude, l'Ille-et-Vilaine et la Loire-Inférieure; de 8 dans le Lot-et-Garonne, la Creuse, les Pyrénées-Orientales, les Basses-Pyrénées et le Tarn; de 7, dans la Vendée, la Savoie, le Morbihan; de 6, dans la Haute-Savoie, la Lozère, le Tarn-et-Garonne; de 5, dans l'Aveyron et la Haute-Loire; de 3 dans l'Ariège et de 2 en Corse et dans les Hautes-Pyrénées.

SEXE

Hommes... 5,728, c'est-à-dire 31 sur 100,000 habitants et 79 par 100 suicides.

Femmes... 1,490, c'est-à-dire 8 sur 100,000 habitants, et 21 par 100 suicides.

AGE

	Hommes.	Femmes.
Agés de moins de 16 ans.	41	24
— 16 à 21 —	200	111
— 21 à 30 —	588	193
— 30 à 40 —	833	218
— 40 à 50 —	980	236

	Hommes.	Femmes.
Agés de 50 à 60 ans	1,186	291
— 60 à 70 —	1,075	237
Agés de 70 ans et plus.	699	169
Age inconnu	121	11

ÉTAT CIVIL

	Hommes.	Femmes.
Célibataires...............	2,086	471
Mariés.....................	2,576	675
Veufs......................	860	330
Inconnus...................	201	14

Les hommes au-dessous de 18 ans et les femmes au-dessous de 15 ne figurent pas parmi les célibataires.

PROFESSION

	Hommes.	Femmes.
Agriculture...............	1,733	601
Industrie.................	1,824	406
Commerce et transports...	601	72
Domestiques...............	302	125
Propriétaires, rentiers.....	500	129
Force publique............	133	»
Professions libérales.......	181	10
Inconnue..................	399	147

65 enfants se sont suicidés : 35 étaient âgés de seize ans, 13 de quinze, 10 de quatorze, 2 de treize, 4 de douze, et 1 avait à peine 10 ans.

DOMICILE

Rural........................	3,863 (54 %).
Urbain.......................	3,267 (46 %).
Inconnu......................	83

Pour 100,000 habitants, les campagnes fournissent 16 suicides et les villes 25.

MOYENS

Pendaison, 3,273; submersion, 1,031; armes à feu, 837; asphyxie, 557; instruments aigus, 221; poison, 124; chute d'un lieu élevé, 174.

MOTIFS

Maladie cérébrables, 2,118 (32 %); souffrances physiques, 1,112; chagrins de famille, 969; habitudes d'ivrognerie, 860; misère, 829; amour et jalousie, 386; poursuites judiciaires, 253; causes diverses, 216; mobile inconnu, 480.

1883

Le nombre total des suicides a été, en 1883, de 7,267 : augmentation légère sur l'année précédente.

Le département de la Seine fournit, comme toujours, le plus fort contingent : 1,385 suicides. Puis viennent le Nord, 278; la Seine-Inférieure, 262; la Seine-et-Oise, 258; l'Aisne, 204.

Les départements où l'on compte le moins de suicides sont l'Ariège et la Corse : 8 suicides; l'Aveyron et les Hautes-Alpes, 9; la Lozère, 10; le Cantal, les-Hautes-Pyrénées, 14.

SEXE

Hommes	5,770
Femmes	1,497

AGE

Agés de moins de 16 ans	57
— 16 à 21 ans	327
— 21 à 25 ans	365

Agés de 25 à 30 ans	448
— 30 à 40 ans	1,046
— 40 à 50 ans	1,267
— 50 à 60 ans	1,440
— 60 à 70 ans	1,245
— 70 à 80 ans	716
— 80 ans et au dessus	175
Age inconnu	481

ÉTAT CIVIL

Célibataires	2,558
Mariés avec enfants	2,092
Mariés sans enfants	1,424
Veufs ayant des enfants	717
Veufs sans enfants	438
État civil inconnu	338

DOMICILE

Domicile rural	3,774
— urbain	3,422
— inconnu	71

PROFESSIONS

Agriculture	2,372
Industrie	1,959
Commerce	843
Domestiques	431
Propriétaires, rentiers	693
Fonctionnaires publics	64
Force publique	171
Professions libérales	403
Sans profession ou profession inconnue	661

MODE DE PERPÉTRATION

Submersion, 1,961. — Pendaison, 3,130. — Armes à feu, 937. — Asphyxie par le charbon, 573. — Instruments aigus ou tranchants, 189. — Poison, 143. — Chute d'un lieu élevé, 211, etc., etc.

MOTIFS

Misère, 397. — Revers de fortune, 379. — Chagrins domestiques, 884. — Amour contrarié, jalousie, 224. — Ivrognerie, inconduite, 1,000. — Maladies cérébrales, 2,039. — Souffrances physiques, 1,225. — Désir d'éviter des poursuites, 238. — Dégoût du service militaire, 18. — Causes diverses, 290. — Causes inconnues, 573.

Les Suicides en Algérie.

En Algérie, les suicides se sont ainsi répartis pour la période de 1853 à 1880[1] :

1853 à 1855	38
1856 à 1860	49
1861 à 1865	72
1866 à 1870	64
1871 à 1875	80
1876 à 1880	104

Sauf une légère diminution dans la période de 1866 à 1870, nous retrouvons ici, comme en France, un accrois-

1. Voir *Compte général de la justice criminelle en France pour l'année* 1880, page XLIX.

sement constant, qui se maintiendra, d'ailleurs, dans les statistiques des années suivantes.

En 1880, le nombre total des suicides a été de 130; il se décompose ainsi : pour le département d'Alger, 58; pour celui d'Oran, 37, et 35 pour celui de Constantine[1].

En 1881, nous retrouvons le même nombre total de 130 suicides, qui se répartissent ainsi :

		Européens.	Indigènes.
Alger	Alger	32	3
	Blidah	14	1
	Orléansville	8	»
	Tizi-Ouzou	2	4
Oran	Oran	11	1
	Mascara	3	»
	Mostaganem	6	3
	Tlemcen	1	2
Constantine	Constantine	14	3
	Bône	8	2
	Bougie	1	»
	Philippeville	6	1
	Sétif	4	»

Comme on le voit, les suicides sont très rares chez les musulmans, puisqu'on n'en compte que 20, tandis qu'on en a relevé 110 chez les Européens[2].

1882 nous fournit 138 suicides, dont 105 Européens et 33 indigènes; on en a constaté 65 dans le département d'Alger, 28 dans le département d'Oran et 45 dans celui de Constantine[3].

1. Voir *Compte général de la justice criminelle pour l'année* 1880, p. 228.
2. Voir *Compte général de la justice criminelle pour* 1881, p. 228.
3. Voir *Compte général de la justice criminelle pour* 1882, p. 228.

Nous empruntons au Dr J. Bertillon[1] le tableau suivant, qui donne la proportionnalité du divorce basée sur le sexe des suicidés dans divers pays d'Europe.

Sur 100 suicides :

	Hommes.	Femmes.
Bade (1880-1874)	84,0	16,0
Belgique (1870-1876)	84,6	15,4
France (1871-1876)	78,7	21,3
Italie (1872-1877)	80,0	20,0
Norwège (1866-1873)	76,4	26,3
Saxe (1871-1876)	80,7	19,3

OPINIONS DE DIVERS AUTEURS SUR LE SUICIDE

LA ROCHEFOUCAULD

(*Maximes et réflexions morales*, maxime 105.)

« Après avoir parlé de la fausseté de tant de vertus apparentes, il est raisonnable de dire quelque chose de la fausseté du mépris de la mort. J'entends parler de ce mépris de la mort que les païens se vantent de tirer de leurs propres forces, sans l'espérance d'une meilleure vie. Il y a de la différence entre souffrir la mort constamment, et la mépriser. Le premier est assez ordinaire, mais je crois que l'autre n'est jamais sincère. On a écrit néanmoins tout ce qui peut le plus persuader que la mort n'est point un mal ;

1. *Étude démographique du divorce et de la séparation de corps* (IIe partie). Paris, 1883, pp. 120 et 121.

et les hommes les plus faibles, aussi bien que les héros, ont donné mille exemples célèbres pour établir cette opinion. Cependant je doute que personne de bon sens l'ait jamais cru; et la peine que l'on prend pour le persuader aux autres, et à soi-même, fait assez voir que cette entreprise n'est pas aisée. On peut avoir divers sujets de dégoûts dans la vie; mais on n'a jamais raison de mépriser la mort. Ceux même qui se la donnent volontairement ne la comptent pas pour si peu de chose; et ils s'en étonnent et la rejettent comme les autres, lorsqu'elle vient à eux par une autre voie que celle qu'ils ont choisie. L'inégalité que l'on remarque dans le courage d'un nombre infini de vaillants hommes vient de ce que la mort se découvre différemment à leur imagination, et y paraît plus présente à un temps qu'à un autre. Ainsi il arrive qu'après avoir méprisé ce qu'ils ne connaissaient pas, ils craignent enfin ce qu'ils connaissent. Il faut éviter de l'envisager avec toutes ses circonstances, si on ne veut pas croire qu'elle soit le plus grand des maux. Les plus habiles et les plus braves sont ceux qui prennent de plus honnêtes prétextes pour s'empêcher de la considérer; mais tout homme qui la sait voir telle qu'elle est, trouve que c'est une chose épouvantable.

« La nécessité de mourir faisait toute la constance des philosophes. Ils croyaient qu'il fallait aller de bonne grâce là où l'on ne saurait s'empêcher d'aller; et, ne pouvant éterniser leur vie, il n'y avait rien qu'ils ne fissent pour éterniser leur réputation et sauver du naufrage ce qui en peut être garanti... La gloire de mourir avec fermeté, l'espérance d'être regretté, le désir de laisser une belle réputation, l'assurance d'être affranchi des misères de la vie et de ne dépendre plus des caprices de la fortune, sont des remèdes qu'on ne doit pas rejeter. Mais on ne doit pas croire aussi qu'ils soient infaillibles. Ils font, pour nous assurer, ce qu'une simple haie fait souvent à la guerre, pour assurer ceux qui doivent approcher d'un lieu d'où l'on tire. Quand on en est éloigné, on s'imagine qu'elle peut mettre à couvert; mais quand on en est proche, on trouve que c'est un faible secours. C'est nous flatter de croire que la mort nous paraisse de près ce que nous en avons jugé de loin, et que nos sentiments, qui ne sont que faiblesses, soient d'une trempe assez forte pour ne point souffrir d'atteinte par la plus rude de toutes les épreuves. C'est aussi mal connaître les effets de l'amour-propre, que de penser qu'ils puissent nous aider à compter pour rien ce qui le doit nécessairement détruire; et la raison dans laquelle on croit trouver tant de ressources est trop faible en cette rencontre pour nous persuader ce que nous voulons. C'est elle, au contraire, qui nous trahit le plus souvent, et qui, au lieu de nous inspirer le mépris de la mort, sert à nous découvrir ce qu'elle a d'affreux et de terrible. Tout ce qu'elle peut faire pour nous est de nous conseiller d'en détourner les yeux pour les arrêter sur d'autres objets. Caton et Brutus en choisirent d'illustres. Un laquais se contenta, il y a quelque temps, de danser sur l'échafaud où il allait être roué. Ainsi, bien que les motifs soient différents, ils produisent les mêmes effets; de sorte qu'il est vrai que, quelque disproportion qu'il y ait entre les grands hommes et les gens du commun, on a vu mille fois les uns et les autres recevoir la mort d'un même visage; mais ç'a toujours été avec cette différence, que dans le mépris que les grands hommes font paraître pour la mort, c'est l'amour de la gloire qui leur en ôte la vue; et dans les gens du commun, ce n'est qu'un effet de leur peu de lumières qui les empêche de connaître la grandeur de leur mal, et leur laisse la liberté de penser à autre chose. »

(*Maximes de* LA ROCHEFOUCAULD, édition Lemerre, p. 207.)

MARTIAL

Hostem quum fugeret, se Fannius ipse peremit.
Hic rogo, non furor est, ne moriare, mori?

MADAME DESHOULIÈRES

En grandeur de courage on ne se connaît guère,
Lorsqu'on élève au rang des hommes généreux
Ces Grecs et ces Romains dont la mort volontaire
À rendu les noms si fameux !
Qu'ont-ils fait de si grand ? Ils sortaient de la vie,
Lorsque, de disgrâces suivie,
Elle n'avait plus rien d'agréable pour eux :
Par une seule mort ils s'en épargnaient mille.
Qu'elle est douce à des cœurs lassés de soupirer !
Il est plus grand, plus difficile
De souffrir le malheur que de s'en délivrer.

VIRGILE

Proxima deinde tenent mœsti loca, qui sibi lethum
Insontes peperere manu, lucemque peroxi
Projecere animos. Quam vellent æthere in alto
Nunc et pauperiem et duros perferre labores !
Fata obstant, tristique palus innabilis unda
Alligat, et novies Styx interfusa coercet.

(*Énéide*, liv. VI, v. 434 et suiv.)

Là sont ces insensés qui, d'un bras téméraire,
Ont cherché dans la mort un secours volontaire,
Qui n'ont pu supporter, faibles et furieux,
Le fardeau de la vie imposé par les dieux.
Hélas ! ils voudraient tous se rendre à la lumière,
Recommencer cent fois leur pénible carrière !
Ils regrettent la vie, ils pleurent ; et le sort,
Le sort, pour les punir, les retient dans la mort :
L'abîme du Cocyte, et l'Achéron terrible
Met entre eux et la vie un obstacle invincible.

(Traduct. Delille.)

DANTE ALIGHIERI

La Divine Comédie.

La couleur du feuillage était sombre et foncée ;
Chaque boucle de nœuds, d'épines hérissée,
Portait, au lieu de fruits, un poison meurtrier.

Ils n'ont pas de fourrés si profonds, ni si rudes,
Les animaux qui vont chercher les solitudes
Non loin de la Cécine et de ses bords ombreux.

C'est là que font leurs nids ces monstres, les harpies,
Qui chassèrent jadis des Strophades fleuries
Les Troyens effrayés de leur présage affreux.

On peut les reconnaître à leurs ailes énormes,
A leur col, à leur ventre, à leurs serres difformes ;
Sur ces arbres hideux elles poussent des cris.

. . . .
. . . .

L'âme quand elle quitte, en sa fureur extrême,
Le corps dont elle s'est détachée elle-même,
Choit au septième cercle où la plonge Minos.

Elle tombe en ce bois, dans tel lieu, dans tel autre,
Et tombée, elle germe ainsi qu'un grain d'épeautre,
Dans le premier endroit où la jette le sort.

Sa tige croît : bientôt c'est un arbre sauvage
Dont la harpie accourt dévorer le feuillage ;
L'arbre souffre et gémit sous l'oiseau qui le mord.

Un jour nous reprendrons nos corps comme les autres ;
Mais nous ne pourrons pas nous revêtir des nôtres
Pour expier le tort de les avoir perdus.

Il faudra les traîner ici, dans ce bois sombre,
Nous-mêmes, jusqu'à l'arbre où soupire notre ombre ;
Et là, tristes lambeaux, nous les verrons pendus.

(*L'Enfer*, chant XIII, traduct. Louis Ratisbonne.)

VILLON (*Grand Testament*).

Souvent se n'estoit Dieu qu'il craint,
Il feroit un horrible faict,
Si advient qu'en ce Dieu enfrainct
Et que luy mesmes se deffaict.

(Édition Lemerre, nouvelle collection Jannet, p. 38.)

ARMAND CARREL

Une mort volontaire.

Virgile a réservé dans ses Enfers une place à ces morts infortunés que nous appelons *suicidés*, meurtriers d'eux-mêmes. Il les montre séparés des autres ombres, tristes et livrés à l'éternel et inutile regret d'une vie dont ils eurent le malheur de vouloir se délivrer : c'est là leur supplice.....

..... Quam vellent æthere in alto
Nunc et pauperiem et duros perferre labores !

Qu'ils voudraient dans l'éther supérieur à présent souffrir jusqu'au bout la pauvreté et les durs labeurs ! Les démons s'y opposent.

On voit dans cette triste et touchante image le sentiment judicieux de l'antiquité sur la mort volontaire. L'homme qui avait mis fin à ses jours semblait avoir été chercher en échange de la vie quelque chose de plus dur à supporter que la vie, ou de plus triste à se figurer qu'elle. On le plaignait d'avoir fait un mauvais choix. Cela n'empêchait point que Caton, Brutus, Cassius, Aria, Pœtus, se dérobant par la mort à la servitude ou à l'infamie, ne fussent admirés ; mais il y avait un privilège pour certaines situations et pour certaines âmes. On distinguait entre ne pouvoir survivre à la liberté de sa patrie et succomber à ses propres disgrâces. On concevait une hauteur de vertu plus qu'humaine qui se devait de ne jamais habiter avec la tyrannie ; passé cela, il n'y avait plus qu'une seule cause à la mort volontaire, la cause que la triste humanité portera toujours avec elle, le désespoir résultant des malheurs privés. On n'avait que de la compassion pour cette sorte de suicide.

Au temps où nous vivons, il n'y a et ne peut y avoir d'autre mort volontaire que celle-là, et nous avons aussi de la pitié, une vive pitié pour elle. Une philosophie, une religion, presque également exigeantes, la condamnent; nos mœurs la conçoivent, la comportent à peu près comme le duel, et sans en souffrir davantage. C'est un mal dépendant de mille maux, et correctif de quelques-uns dans un état de société dont il est sage de se contenter, comme du moins mauvais qui puisse être.

A quoi bon discuter si la vie est ou n'est pas à nous, et s'il nous est permis de nous en défaire, quand il ne nous plaît plus de la conserver? Il n'y a point d'orgueil humain dans le suicide, pas la moindre pensée de révolte contre le ciel. C'est l'acte d'un découragement incurable; l'évasion tristement délirée d'un malheureux homme qui a senti faillir son courage ou ses forces; c'est l'issue d'une lutte presque toujours bien longue entre une destinée souffrante et le plus puissant de tous les instincts, celui qui attache à la vie. Quand une dernière goutte a fait déborder cette coupe de douleur qui s'était insensiblement remplie pendant des années, et que la catastrophe arrive, les vrais sages ne demandent point si la victime a bien ou mal décidé en principe, mais si elle était tombée en effet dans une situation à ne plus rien pouvoir tirer de la vie, ni consolation, ni ressources.

Laissons le droit, quel qu'il soit, dans une matière où aucune justice humaine ne saurait le faire respecter. C'est un fait, qu'il dépend de nous de quitter la vie et de descendre chez les morts :

> Mille chemins ouverts y conduisent toujours,

a dit le poète.

Chose étrange, que le favori de la création soit le seul être qui se tue; que seul il ait la conscience de son existence, et seul aussi la faculté d'en sortir quand elle lui est à charge! L'homme, pas plus que le dernier des animaux, ne saurait rien changer au mécanisme de ses organes. Il ne commande point à la circulation, à la respiration, à la nutrition de s'arrêter en lui et de se reprendre à son bon plaisir. Tout cela s'accomplit sans lui. Il ne lui a point été donné de pouvoir conduire ou refaire à son gré les diverses lois en vertu desquelles il existe physiquement; son intelligence, toute supérieure qu'elle puisse être à d'aveugles fonctions vitales, n'en est qu'usufruitière, et non pas modératrice : mais il est arbitre de la durée de ce bel ensemble. Il peut en finir, quand il lui plaît, avec la cause supérieure et inconnue qui préside en lui à ce fait merveilleux qu'on appelle la vie; il ne saurait faire tomber avant le temps marqué par sa constitution particulière un poil de sa chevelure ou de sa barbe, et il sera tout entier tombé en pourriture et mangé aux vers dans six semaines, s'il est pris aujourd'hui d'un besoin de destruction de soi, dont peut-être le moindre incident heureux et inattendu le ferait revenir demain. Ceux qui voient arriver cela tous les jours trouvent tout simple qu'on puisse se tuer, et qu'on ne puisse changer à volonté son embonpoint en maigreur et sa maigreur en embonpoint; mais cela n'en est pas moins un sujet infini d'étonnement et de méditation.

Tout homme a donc, sauf le jugement d'en haut, la triste faculté de se tuer, et trouvera toujours qu'il en a le droit, quand la vie lui fera plus de peur que la mort. L'abus, il est rarement à craindre. L'instinct qui attache à la terre tous les êtres répandus sur sa surface suffit bien pour empêcher les destructions trop promptes et sans causes suffisantes. Il n'y a point de croyance morale ou religieuse qui luttât contre le désespoir et la nécessité de finir aussi énergiquement que cet amour de la vie avec lequel nous sommes tous nés. Celui qui se tue sans éprouver ce combat est malade, insensé ou maniaque; mais nul homme en jouissance de santé et de raison ne prend, à proprement parler, la vie en haine, et ne trouve la mort plus riante, parce qu'il a perdu les moyens de vivre heureux ou le courage de travailler à le devenir. On flotte pendant des mois, des années, entre l'espoir d'un meilleur sort et la difficulté de vaincre l'horreur qu'inspire la destruction de soi. A la moindre lueur de succès, à la plus faible espérance d'un retour de fortune, on se reprend à la vie avec une énergie qu'on dirait invincible. L'expédient le plus misérable, s'il promet d'écarter d'un jour la détermination fatale, est saisi avec une imprévoyance et une joie d'enfant. Ce n'est que quand l'esprit s'est épuisé à chercher inutilement de nouvelles diversions, à inventer des moyens de salut, et que l'espérance, toujours trompée, ne sait plus à quelles illusions s'abuser encore, que l'irrévocable, l'irrésistible nécessité de subir son sort arrive enfin. Alors un peu de dignité se retrouve. Cet homme abandonné, qui n'avait plus ni force ni raison à opposer à ses chagrins ou à ses penchants pernicieux, seul avec lui, à cette heure suprême, s'examine en juge inexorable, se condamne à mort, et, sans désemparer, s'exécute. Certes, cela n'est point misérable..... L'âme la plus commune a là quelques instants d'un sublime et effrayant empire sur elle-même; car tout homme a vécu, a aimé, a connu quelque bien sur la terre, et tout au moins a joui d'un beau ciel, a eu des sens, des passions qui lui laissent à regretter..... Qu'est-ce donc quand c'est un homme élevé qui se donne la mort! quand cet homme a le sentiment de son rang dans l'univers comme créature; quand il est jeune encore, qu'il a connu tout le prix de la vie, qu'il en peut mesurer la perte, et que ses croyances lui montrent plus encore à compromettre?

Peut-être une situation si cruelle vaut la peine qu'on essaye de se la représenter. — Qui de nous n'a songé une fois à l'instant inappréciable qui marquera pour lui, un peu plus tard, le passage du connu à l'inconnu, de la réalité quelquefois triste à un état dont il n'aura plus conscience, et qui sera le vide, le rien, cette chose déconcertante pour la raison qu'on appelle d'un mot confus : le néant ? J'ai pu conduire par la pensée ma vie jusqu'à cet instant rapide comme l'éclair, où la vue des objets, le mouvement, la voix, le sentiment m'échapperont, et où les dernières forces de mon esprit se réuniront pour former l'idée : Je meurs ; mais la minute, la seconde qui suivra immédiatement, j'ai toujours eu pour elle une indéfinissable horreur ; mon imagination s'est toujours refusée à en deviner quelque chose. Les profondeurs de l'enfer sont mille fois moins effrayantes à mesurer que cette universelle incertitude.

To die, — to sleep...
To sleep ! perchance to dream.

J'ai vu chez tous les hommes, quelle que fût la force de leur caractère ou de leurs croyances, cette même impossibilité d'aller au-delà de leur dernière impression terrestre, et la tête s'y perdre, comme si, en arrivant à ce terme, on était suspendu au-dessus d'un précipice de dix mille pieds. On chasse cette effrayante vue pour aller se battre en duel, livrer l'assaut à une redoute, ou affronter une mer orageuse ; on semble même faire fi de la vie ; on se trouve un visage assuré, content, serein ; mais c'est que l'imagination montre le succès plutôt que la mort, c'est que l'esprit s'exerce bien moins sur le danger que sur les moyens d'en sortir. Ce n'est que dans la mort volontaire qu'on est vraiment face à face avec l'impression anticipée de la propre destruction. Rien ici qui voile l'abîme ; nul moyen de détourner les yeux. Le passage n'est point facilité par l'affaissement des organes, comme le plus souvent dans la mort naturelle ; ni par l'exaltation de quelque passion ou l'abrutissement, comme dans les autres morts violentes. Loin de là, il faut que l'esprit soit présent et fasse lui-même l'office d'exécuteur. L'infortuné plein de vie et de raison qui, le pistolet appliqué contre la tête, pense encore, veut encore, sait qu'il ne va plus ni penser ni vouloir aussitôt que du doigt il aura touché la détente fatale. Il appelle toute sa résolution au secours de ce faible et suprême effort qui ne suffirait pas à écraser le moindre insecte. Sans doute il tremble, il s'y reprend à plusieurs fois; enfin le mouvement échappe..... il s'est élancé dans l'incompréhensible infini, et l'on ne trouvera plus de lui que le cadavre d'un supplicié.

Voilà pourtant comme meurent tous les jours des hommes que nous avons aimés, avec lesquels nous avons vécu, et de qui l'on entend dire légèrement : « Il s'est brûlé la cervelle », comme s'il en coûtait si peu de se décharger une arme à feu dans la tête! Eh bien! il n'y a certainement point de supplice humain comparable à la violence qu'ont eu à se faire eux-mêmes, ces fugitifs infortunés... Parmi les catastrophes de ce genre qu'on a pu citer depuis trois mois, et qui malheureusement se sont trouvées nombreuses, il y en a eu une si généralement sentie, si vivement déplorée, et qui a atteint un homme d'une nature et d'une situation si particulières, que non seulement le silence n'est point commandé sur elle comme il l'est ordinairement par l'intérêt des familles, mais que c'est plutôt un devoir à remplir que d'en consigner quelque part les détails. Cette mort, c'est celle de l'infortuné Sautelet. Quiconque s'est mêlé de littérature depuis six ans connaît cet excellent jeune homme. Tous ceux qui ont vécu dans son intimité, avec lesquels il s'est entretenu de ses chagrins, de ses projets, de ses idées, et le nombre en est grand, car il avait le cœur aussi mobile, aussi désireux de nouveaux liens, que bon, attaché et aimant; aussi facile à découvrir ses plus secrètes impressions, qu'empressé et habile à se faire confier celle des autres; tous ceux-là, dis-je, imagineront facilement si aucune des tortures morales qui peuvent accompagner la mort volontaire lui a été épargnée. Il aimait la vie, il en savait le prix ; il avait reçu de la nature une de ces organisations distinguées qui semblent appelées à jouir de tout, avec un je ne sais quoi d'exquis qui n'est pas fait pour le commun des hommes. Les habitudes de la personne donnaient à qui ne connaissait pas ses chagrins intérieurs l'idée d'une existence douce, molle, aisée, méditative à la fois et sensuelle. Jeune, il s'était enfoncé avec passion dans les études philosophiques, et s'y était fort distingué. Au bout de quelques années, les formes avaient paru le fatiguer de la science ; il s'était mis à chercher le monde, et ce qui l'avait dominé depuis lors, c'était le besoin de faire l'expérience de tout dans la vie, une inconcevable curiosité pour toutes sortes d'esprits et de caractères, un goût singulier à montrer en lui l'homme intérieur, et à fouiller chez les autres pour le trouver. Toute conversation avec lui tournait vite en épanchement, et quelquefois dès la première ou la seconde vue. Doué au plus haut degré de la faculté d'analyser promptement et finement tout ce qu'il éprouvait, il se divulguait on ne peut plus volontiers.

Il aimait à parler de ce qu'il y avait de bon et de mauvais en lui, à s'avouer faible, indolent, capricieux, dépourvu de suite, incapable de s'attacher à une besogne. Toute sa prétention était qu'on lui accordât quelque chose d'élevé, de sensible, de fin, d'intelligent, qui n'était pas à sa place dans la situation où le sort l'avait mis, et qui l'eût rendu singulièrement propre à manier les hommes quels qu'ils fussent, et à les attirer à lui sans effort. On cédait à la bonhomie charmante avec laquelle il s'exposait ainsi, et on se laissait aller avec lui à des assauts de liberté d'esprit, au haut desquels on s'étonnait d'avoir à lui demander le secret sur des aveux d'amour-propre ou de conscience, sur des peines de cœur, des soucis de position qu'on avait soigneusement enfermés en soi et cachés à tout le monde. Il était ainsi sur le pied de l'intimité avec nombre de personnes qui n'avait d'intime ami que lui, et dont il avait surpris le secret en les payant du sien, qu'il semblait toujours laisser échapper pour la première fois; il savait l'histoire cachée, le roman de chacun. Il se tenait soigneusement au courant des incidents, des progrès, des retours, ne revoyant souvent les gens qu'à de longs intervalles et lorsqu'il pouvait y avoir du nouveau de son côté ou du leur. Il fallait absolument qu'il dît toutes ses impressions et qu'il recueillît celles des autres. Il était parvenu, dans cette singulière façon d'occuper sa vie, à être un homme très affairé, pliant sous le poids des relations confidentielles, négociant au besoin pour l'un, intriguant, s'il le fallait, pour l'autre; sortant le matin de chez lui et rentrant tard, étonné de n'avoir fait autre chose que causer. Il mettait, à soutenir ce rôle si facile à user et à discréditer, un art de paraître toujours neuf, toujours ingénu, toujours attrayant et digne de confiance, qui, appliqué d'une manière plus sérieuse, eût montré en lui l'homme vraiment supérieur.

Ce ne sont pas là encore, bien s'en faut, tous les traits d'un des caractères les plus singuliers de ce temps, et qui certes a bien mérité de laisser une trace après lui; je ne m'arrête qu'à ceux qui contrastent d'une manière plus cruelle avec cette tragique mort, à laquelle on ne voulait pas croire quand de bien loin encore l'infortuné l'annonçait. Tous les amis de Sautelet savaient que sa jeunesse avait été extrêmement malheureuse. Il en racontait des choses qui le rendaient croyable, quand il disait avoir plus d'une fois songé au suicide avant sa dix-huitième année; il assurait y avoir rêvé depuis encore à chacune de ses traverses; enfin il jurait que son pressentiment invincible avait toujours été qu'il finirait ainsi. On le plaisantait presque sur ces présages; on lui disait qu'il aimait trop la vie pour avoir de ces pensées funestes; que surtout il manquait de l'énergie nécessaire pour accomplir un projet de mort volontaire, en supposant qu'il le conçût jamais. Il se rendait de bonne grâce à l'opinion qu'on avait de lui, et consentait même à rire de ce qu'il y avait d'un peu étrange à voir venir une telle proposition d'un visage comme le sien. Cependant, depuis dix-huit mois environ, ses traits, d'une beauté régulière et douce, s'étaient chargés d'une teinte de mélancolie toujours plus sombre. Depuis six mois peut-être, il lui arrivait beaucoup moins de mêler à ses entretiens ces idées de suicide sur lesquelles on l'avait toujours trouvé trop léger, trop glissant pour en être sérieusement frappé. Sans doute sa résolution était déjà fort avancée, il évitait ce qui eût pu le trahir, et travaillait en même temps à s'y soustraire; mais, hélas! trop tard et quand ses efforts ne pouvaient plus qu'être inutiles..... On ne le savait pas.

Le jour qui précéda la nuit fatale, il avait vu tous ceux de ses amis auxquels il croyait devoir un adieu particulier. Il était parfois abattu et préoccupé; ce jour-là il le parut peut-être moins qu'à l'ordinaire.

La nécessité l'avait endurci à un point dont on ne l'eût pas cru capable. Il ne fléchit un instant qu'à la vue d'un tout jeune enfant qui lui tenait de près, et qu'il aimait tendrement. Il ne put caresser pour la dernière fois l'innocente créature à peine entrée dans la vie, sans que le cœur lui manquât, lui qui aussi touchait aux portes de la vie, mais condamné à en sortir dans la nuit même. Une domestique fut le seul témoin des sanglots qui vinrent le suffoquer; mais il se déroba, et le lendemain il était trop tard quand la scène fut rapportée. Rentré chez lui il ne manifesta aucun trouble, sa présence d'esprit était parfaite. Il s'occupa de minutieux détails de composition et d'impression pour le numéro du *National* qui devait paraître le lendemain, et que déjà il n'était plus destiné à lire. Vers une heure il s'enferma, et là commencèrent les longues agonies de son âme. Il avait des dernières volontés à prescrire, des instructions à laisser, des adieux à faire, et malheureusement plus d'un pardon à accorder et demander pour lui-même. Il écrivit quinze lettres: la dernière à cinq heures du matin. Celle-ci, adressée à une famille qui n'était pas la sienne, mais qui lui en avait tenu lieu pendant les malheurs d'une jeunesse quelquefois pauvre et abandonnée, commençait par ces mots, qu'on ne saurait lire sans attendrissement : « La nuit est bien avancée, et je n'ai plus guère de présence d'esprit pour vous entretenir de la résolution que j'ai prise. Si ma nature faible, indolente, avait pu être changée, elle l'aurait été par vous tous..... J'ai été incorrigible. » Hélas! il n'y avait rien que de très réparable dans ce mal, qui lui avait paru ne pouvoir être effacé que par la mort; mais le courage lui avait manqué pour user de toutes ses ressources. Il ne se sentait pas capable des efforts de constance et de travail qui l'eussent infailliblement rendu à la sécurité, au bonheur; et c'était là ce qu'il appelait être incorrigible..... Suivant toute apparence, il ne vécut pas longtemps après cette cruelle et trop irrévocable condamnation de l'emploi de sa vie. On n'entendit point l'arme à feu. Le théâtre de la catastrophe était une petite chambre située à l'extrémité la plus reculée d'un appartement très vaste. Ce ne fut qu'à l'heure où l'on entrait habituellement chez lui dans la matinée qu'on le trouva baigné dans son sang et déjà refroidi.

Si l'homme qui a résolu sa propre destruction pouvait savoir quel spectacle il laissera après lui, je ne dis pas à ses amis, mais à des curieux, à des allants et venants, à des hommes de police; s'il savait les conversations qui se tiendront pendant une douzaine d'heures, auprès de lui raide, étendu, souillé, méconnaissable, peut-être il reculerait d'horreur, ou, du moins, sa dernière prière serait qu'on voilât ses restes à tous les regards, surtout à ceux qui aimèrent en lui une créature élevée et faite pour passer de la vie à la mort sans déchirement de ses traits, sans dispersion de ses plus nobles parties. Je ne manquerai point ici à un pieux devoir envers un homme si digne d'égards et de regrets, bien que l'impression que m'a laissée le suicide consommé pût servir à d'autres, si j'essayais de la reproduire. J'ose dire qu'après cette vue un homme qui aurait eu quelquefois de funestes pensées contre lui-même ne se tuerait point et croirait que c'est toujours un devoir de vivre, un opprobre d'aller à la terre dans cet état épouvantable. Il n'est donné qu'à la main hideuse du bourreau de flétrir ainsi la création dans son œuvre la plus parfaite.

Et pourtant il y a dans le suicide d'un homme qu'on aimait quelque chose dont la pensée est plus insupportable que la vue même d'un cadavre privé de la noble empreinte de l'humanité. C'est une image bien affreuse que celle qui a frappé plusieurs des amis du malheureux Sautelet au moment où ils entraient chez lui, ne s'attendant à rien de tel; mais l'idée de ce qu'il a pu souffrir dans les préparatifs de sa mort est encore plus affreuse. Quand on a bien connu cet excellent et faible jeune homme, on se le figure hésitant jusqu'à sa dernière minute, demandant grâce encore à sa destinée, même après avoir écrit quinze fois qu'il s'est condamné et qu'il ne peut plus vivre. Sans doute il a pleuré amèrement et longtemps sur le bord du lit où il s'est frappé. Peut-être il s'est agenouillé pour prier Dieu, car il y croyait; il disait que la création serait une absurdité sans la vie future. Ses mains auront chargé les armes sans qu'il leur commandât presque, et, pendant ce temps, il appelait ses amis, sa mère, quelque objet d'affection plus cher encore, au secours de son âme défaillante. Il était là, s'asseyant, se levant avec anxiété, prêtant l'oreille au moindre bruit qui eût pu surprendre sa résolution ou la précipiter. Une fenêtre légèrement entr'ouverte près de son lit a montré qu'après avoir fait effort pour apercevoir un point du jour qui naissait et qui ne devait plus éclairer que son cadavre..... enfin il a senti qu'il était seul, bien seul, abandonné de tout sur la terre, qu'il n'y avait plus autour de lui que des fantômes créés par ses derniers souvenirs. Il a cherché un reste de force et d'attention pour ne pas se manquer, et sa main a été sûre.....

Mais ce n'est pas encore tout que les souffrances morales de la lutte décisive; on sera plus épouvanté encore si l'on remonte de phase en phase cette incurable maladie de désespoir à laquelle il fallait que notre infortuné Sautelet succombât si jeune. Il y a donc eu un jour, trois mois, six mois (qui sait?) avant la catastrophe, où s'est révélé à lui tout le péril de sa situation, et où, pour la première fois, à tort ou à raison, il a songé à la mort comme moyen..... Il y a eu successivement d'autres moments solennels où il a vu échouer une première combinaison de salut, puis une seconde, une troisième, une quatrième...... Il y a eu un jour où il a fallu qu'il se déclarât à lui-même que tout espoir était perdu; qu'il n'avait plus devant lui qu'une, deux, trois semaines de vie; et peut-être, accablé, fatigué d'assauts, il s'est encore reposé sur ces trois semaines comme sur un siècle. Mais enfin est venu un moment où, sans toucher précisément au terme, il a fallu qu'il désignât à peu près irrévocablement le jour et l'heure fixes où il finirait..... Peut-être s'est-il manqué de parole à lui-même une fois, deux fois, sur cette détermination terrible..... et pendant ces jours, ces semaines, ces mois, qu'il était toujours tournant autour de la tombe entr'ouverte, il lui fallait vivre comme nous! Il semblait prendre à nos espérances politiques, à nos discussions littéraires, le même intérêt que nous! Il s'asseyait encore avec un air de plaisir à un bon repas; il se parait pour aller à une réunion, à un spectacle! Il se rencontrait dans nos entretiens mille choses qui devaient déchirer l'âme d'un mourant; et il ne laissait point échapper l'affreux secret!

Voilà donc ce que c'est que le suicide! Y a-t-il une mort plus misérable? Et c'est là ce que des sophistes appellent déserter un poste, violer un dépôt confié par le ciel!... Hélas! on n'a pas cessé d'aimer la vie quand on la quitte; mais on est à bout de moyens pour y trouver bonheur et considération.

(Extrait du journal *le National*.)

NOTICE BIBLIOGRAPHIQUE

FRANCE

MONTAIGNE. — Essais.

DUVERGIER DE HAURANNE, abbé de Saint-Cyran. Question royale où il est montré en quelle extrémité le sujet pourrait être obligé de conserver la vie du prince aux dépens de la sienne. Paris, 1609.

BARBEYRAC. — Préface aux œuvres de Puffendorf. 1734. — Traité de la nouvelle morale des Pères de l'Église. 1728.

DESLANDES. — Réflexions sur les grands hommes morts en plaisantant. 1732.

MONTESQUIEU. — Soixante-quatorzième et soixante-seizième lettres persanes. 1721.

ROUSSEAU (J.-J.). — Nouvelle Héloïse; 3e partie, lettres XXI et XXII.

VOLTAIRE. — Dictionnaire philosophique; articles *Caton* et *Suicide*.

MERCIER. — Tableau de Paris. 1763.

ENCYCLOPÉDIE. — Article *Suicide*, attribué à Diderot.

MIRABEAU. — Système de la nature. Londres, 1778.

Jean DUMAS. — Traité du suicide. Amsterdam, 1773.

L'abbé Dubois de Launay. — Dissertation sur le suicide. 1782.

Bareuc. — Dissertation sur la mélancolie anglaise ou réflexions physiques et morales sur le suicide. 1789.

H.-C. Spiess. — Biographies de suicidés. Paris, 1798.

Abbé Jauffres. — Du suicide. 1801.

Abbé Guillon. — Entretiens sur le suicide. Paris, 2e édition, 1836.

Mme de Stael. — Influence des passions. 1817.

— Réflexions sur le suicide (œuvres complètes). 1820.

Elias Regnault. — Du degré de compétence des médecins sur les questions judiciaires relatives à l'aliénation mentale, suivi de nouvelles études sur le suicide. Paris, 1830.

De Guerry. — Essai de statistique morale. Paris, 1835.

Faustin-Hélie. — Des suicides et de leur cause (*Revue française et étrangère de législation*, 1837.)

Tissot. — De la manie du suicide. 1841.

F.-S. de G. — Le suicide considéré dans son principe et ses rapports avec l'état social. 1842.

Saint-Marc Girardin. — Du suicide (Cours de littérature dramatique). 1843.

Bourquelot. — Des opinions de la législation en matière de mort volontaire pendant le moyen âge. Paris, 1843.

Dabadie. — Les suicides illustres (1re série). Paris, 1860.

Le Dr des Etangs. — Du suicide politique en France. Paris, 1860.

H. Blanc. Mémoire sur le suicide en France (*Journal de la Société archéologique de Paris*, juillet 1862).

L'Abbé Guillon. — Entretiens sur le suicide.

Molinier. — De la répression des attentats aux mœurs et du suicide. Toulouse, 1867.

Lefebvre-Villebrune. — Manuel d'Epictète.

E. Gru. — Les morts violentes. Paris, 1864.

E. Caro. — Nouvelles études morales sur le temps présent. 1869.

E. Douay. — Le suicide. Paris, 1870.

H. Legoyt. — Le suicide en Europe. 1870.

M. Du Camp. — Les mémoires d'un suicidé. 1853.

Th. Ribot. — De l'hérédité. Paris, 1873.

Franck. — Essai de philosophie générale.

Larousse. — Dictionnaire ; article *Suicide.*

Ed. About. — Le progrès. 1867.

Sainte-Beuve. — Causeries du lundi.

MÉDECINS

Portal. — Sur la nature et le traitement des maladies héréditaires. Paris, 1814.

Falret. — Du suicide et de l'hypocondrie. Paris, 1822.

P.-G. Mougellas. — Les maladies héréditaires. Paris, 1828.

Broussais. — De l'irritation et de la folie. 1830.

Prosper Lucas. — De l'imitation contagieuse. Paris, 1832.

Brouc. — Annales d'hygiène. 1836.

Ferrus. — De l'emprisonnement et des prisonniers. 1838.

Esquirol. — Maladies mentales. Paris, 1838.

— Dictionnaire de médecine; article *Suicide.*

Marc. — De la folie. Paris, 1840.

Descurets. — La médecine des passions. Paris, 1841.

Étoc Demazy. — Recherches statistiques sur le suicide. 1844.

E. Gintrac. — Mémoire sur l'influence de l'hérédité. Paris, 1845.

Bourdin. — Du suicide considéré comme maladie. Paris, 1845.

E.-G. Poterin du Motel. — Etudes sur la mélancolie et sur le traitement moral de cette maladie.

Fr. Leuret. — Du Traitement moral de la folie.

Debreyne. — Du Suicide. Paris, 1847.

Delassauve. — Réponse au Dr Bourdin. 1847.

Lucas. — Traité physiologique et philosophique de l'hérédité naturelle. Paris, 1847-1850.

Petit. — Recherches sur l'étiologie du suicide. Paris, 1850.

A. Chereau. — Considérations sur le suicide. 1848.

Dechambre. — De la monomanie, homicide, suicide (*Gazette médicale*, 1852.)

Louis Bertrand. — Traité du suicide. Paris, 1857. (Couronné par l'Académie de médecine).

J. Lhuys. — Des maladies héréditaires. Paris, 1863.

A. Tardieu. — Etude médico-légale sur la pendaison et la strangulation, etc., etc. Paris, 1870.

Leroy. — Etude sur le suicide dans le département de Seine-et-Marne. Paris, 1870.

Ebrard. — Du suicide considéré au point de vue religieux, social, médical et philosophique. Avignon, 1870.

Vaimi. — De l'identité de quelques-unes des causes du suicide, du crime et des maladies mentales.

Moreau (de Tours). — De la contagion du suicide. Paris, 1875.

Mandsley. — Le crime et la folie. Paris, 1875.

Lacassagne. — Précis de médecine judiciaire. Paris, 1878.

Bousquet. — Du mariage considéré comme moyen curatif des maladies. 182[illegible].

Jousset. — Du suicide et de la monomanie du suicide. 1858.

Dr J Bertillon. — De l'influence du mariage sur la tendance au suicide. Etude démographique du divorce Paris, Masson, 1883.

ITALIE

BECCARIA. — Des délits et des peines.

C. RAVIZZA. — Il suicidio. Milan, 1843.

BONOMI. — Del suicidio in Italia. Milan, 1878.

APPIANO BUONAFEDE. — Histoire critique du suicide. 1762. Traduit en français par Armellino et Guérin. Paris, 1843.

MORSELLI. — Il suicidio, saggio di statistica morale comparata. Milano, 1879.

ANGLETERRE

Dix-septième siècle. — Biathanatos, a declaration of that paradox that selft homicide is not so naturally a sinne that it may never be otherwise, wherein the nature and the extens of all thoses laws wich seems to be violated by this act, are diligenty survey, by John. Donne. Londres, 1644.

Dix-huitième siècle. — WATT. — Defense against the tentation of self murder. Londres, 1755.

Essays on the suicide, attribué à Hume. Londres, 1785.

Ch. MAJORE. — A full enquiry into the subject of suicide. Londres, 1760.

Dix-neuvième siècle. — FORBES WINSLOW. — The anatomy of suicide. 1840.

BROWN. — Assurance Magazine. 1852.

MILLAR. — Statistic of military suicide (*Journal of the statistical of London*, juin 1874).

RADCLIFFE. — English suicide, medical notice. Londres, 1862.

BELGIQUE

QUETELET. — De l'homme. Bruxelles, 1835.
— Essai de statistique morale. Bruxelles, 1838.

ALLEMAGNE

BACHELIRIS. — De morte voluntaria. Helmstadt. 1659.

PRAETARIUS. — Der verdommliche Selbst-und Eigenmord. Dantzig, 1693.

REINHARD STURMER. — De cæde propria. Regiom, 1702.

MARPERGER. — Nœlege Waroung für den verdenbletcher selbstmord. Nuremberg, 1715.

GRENTZKEN. — Syst. phil. Hambourg, 1717.

HECKER. — De Aueltskeiria martyram. Leips., 1720.

FORMEY. — Mélanges de philosophie. Mémoires de l'Académie de Berlin. 1754.

DE MERIAN. — Discours sur la crainte de la mort 1763.

LERS. — Vom selbsmorde. Gœttingue, 1767.

ENGEL. — Der philosoph für die velt. Leipsick, 1787.

GOTTFRIED-ERNST GRODDEK. — Commentario de morte voluntaria. Gœttingen, 1785.

G.-M. BLOCK. — Vom selbstmord, devrey Ursachem und Gegenmittely. Aurich, 1792.

KNUPPELN. — Neber selbstmord, ein buch für die menschheet. Gera, 1690.

FUNK. — Preliminaris de morte voluntaria.

GŒTHE. — Werthers Leiden. Leipsick, 1787.

GRUNER. — Comment. de imputatione suicidi dubia. Iéna, 1798-1799.

OSSIANDER. — Ueber den selbstmord. Hanovre, 1813.

CARPER. — Beetrœge zu medicin., statist. und staats urzneikunde. Berlin, 1825.

BERNOUILLI. — Populationislik. Gœtting.. 1861.

HERMANN. — Dissertatio de antochiria et philosophicè et ex legibus considerata. Iéna, 1703.

WAGNER (Adolphe). — Gesetzmassigkeit. Hambourg, 1864.

Dr G. MAYR. — Die Gesetzmassigkeit in Gesellschaft. 1877.

BAER. — Der Alcoolismus, etc. Berlin, 1878.

PAYS DIVERS

Danemark. — BASTHOLM. — Betrachtumger over Selvmord. 1787.

DAVID. — Note sur le suicide en Danemark (*Journal de la Société de statistique de Paris*, 1860).

États-Unis. — BRIGHAM. — Statistic of the suicide. 1844.

Suisse. — Dr PRÉVOST. — Notes sur le suicide dans le canton de Genève (*Annales d'hygiène*, 1836.)

Marc D'ESPINE. — Essai analytique et critique de statistique mortuaire. Genève, 1858.

STÆNDLIN. — Histoire des opinions sur le suicide. Gœtt, 1 24.

ROBECK (J.). — Exercitatio philosophica de εὐλόγῳ ἐξαγωγῇ, sive morte voluntariâ.

TABLE DES MATIÈRES

Pages.

INTRODUCTION.. 5

I. — *Le suicide chez les divers peuples de l'antiquité.* 9

II. — *Le suicide à Rome*........................... 25

CHAPITRE I. — De la fondation de Rome à l'établissement de l'Empire........................ 27

CHAPITRE II. — Le suicide sous les empereurs 33

CHAPITRE III. — Le suicide sous Justinien......... 39

§ 1. — Suicides légitimes....................... 41

§ 2. — Suicides illégitimes..................... 54

§ 3. — Suicides militaires...................... 61

§ 4. — Suicides des esclaves.................... 65

§ 5. — Procédure................................ 70

III. — *Le suicide en France jusqu'au dix-neuvième siècle*...................................... 75

CHAPITRE Ier. — Gaulois et Germains.............. 77

CHAPITRE II. — Le Droit canonique................ 83

CHAPITRE III. — Les Coutumes..................... 101

Le dix-huitième siècle........................... 139

CHAPITRE IV. — La Révolution..................... 157

TABLE DES MATIÈRES

Pages.

INTRODUCTION 5

I. — *Le suicide chez les divers peuples de l'antiquité.* 9

II. — *Le suicide à Rome* 25

CHAPITRE I. — De la fondation de Rome à l'établissement de l'Empire 27

CHAPITRE II. — Le suicide sous les empereurs 33

CHAPITRE III. — Le suicide sous Justinien 39

§ 1. — Suicides légitimes 41

§ 2. — Suicides illégitimes 54

§ 3. — Suicides militaires 61

§ 4. — Suicides des esclaves 65

§ 5. — Procédure 70

III. — *Le suicide en France jusqu'au dix-neuvième siècle* 75

CHAPITRE Ier. — Gaulois et Germains 77

CHAPITRE II. — Le Droit canonique 83

CHAPITRE III. — Les Coutumes 101

Le dix-huitième siècle 139

CHAPITRE IV. — La Révolution 157

IV. — *Le suicide au dix-neuvième siècle*............ 161

Chapitre Ier. — Le suicide en France.............. 165

§ 1. — De la complicité dans le suicide.......... 166

§ 2. — Du suicide en matière d'assurances sur la vie.................................. 172

§ 3. — Du suicide en matière de sépulture...... 175

Chapitre II. — Le suicide à l'étranger............ 183

V. — *Causes et remèdes*......................... 191

Chapitre Ier. — Statistique comparée............ 195

Chapitre II. — Les sciences sociales.............. 217

Chapitre III. — Les sciences médicales........... 225

Chapitre IV. — Conclusions....................... 231

Notes et pièces justificatives.................... 243

Notice bibliographique........................... 281

Toulouse, Imprimerie Douladoure-Privat, rue Saint-Rome, 39. — 9747